Det ultimative Varm Chokolade Bomber Kogebog

100 lækre opskrifter på hjemmelavede chokoladekugler til at tilfredsstille din søde tand

Malthe Håkansson

Copyright materiale ©2023

Alle rettigheder forbeholdes

Ingen del af denne bog må bruges eller transmitteres i nogen form eller på nogen måde uden korrekt skriftligt samtykke fra udgiveren og copyright-indehaveren, bortset fra korte citater brugt i en anmeldelse. Denne bog bør ikke betragtes som en erstatning for medicinsk, juridisk eller anden professionel rådgivning.

INDHOLDSFORTEGNELSE

INDHOLDSFORTEGNELSE 3
INTRODUKTION 7
   1. Matcha varm chokolade bomber 8
   2. Candy Chokoladebomber 10
   3. Græskarkrydderi varm chokoladebomber 12
   4. Varm chokoladebomber 14
   5. Rainbow White Det ultimative Varm Chokolade Bomber Kogebog 16
   6. Marmorchokoladeæg 18
   7. Rum Chata Hot Cocoa Bombs 20
   8. Candy cane kakaobomber 22
   9. Ildkugle varme kakaobomber 24
   10. Hjerteformede kakaobomber 26
   11. S'mores varme kakaobomber 28
   12. Skellington Hot Cocoa Bombs 30
   13. Frugtige småsten varme kakaobomber 33
   14. Marshmallow Chokolade Bomber 36
   15. Cappuccinobomber 39
   16. Flødekaffebomber 41
   17. Blond hvid Mokka Kaffebombe 43
   18. Schwarzwald Kaffebombe 45
   19. Krydret mexicansk mokkabombe 47
   20. Hindbær Frappuccino Bomb 49
   21. Skudsikre kaffebomber 51
   22. Instant Orange Cappuccino 53
   23. Blomstertebombe 55
   24. Tebombe med vaniljesirup 57
   25. Sorte Chai-tebomber 59
   26. Sukkertebomber 61
   27. Hyben grøn te bombe 63
   28. Coconut Chai Spritzer Bomb 65
   29. Irish Crème Coffee Bombs Opskrift 67

30. Frugtte Bomb 69
31. Earl Grey Tea Bombs 71
32. Sukkerfri tebomber 74
33. Farvede varme tebomber 76
34. Urtetebomber 79
35. Cocktail brusebad 82
36. Kosmopolitiske brusende bomber 84
37. Tequila Sunrise Fizzy Bombs 86
38. Jordbær Mimosa 88
39. Bloody Mary 90
40. Margarita Magic Bomb 92
41. Kokosmojito 94
42. Piña Colada Bomb 96
43. Ananas Guava 98
44. Blødende krydret ølbombe 100
45. Bellini Blush 102
46. Lavendel Frodig bombe 104
47. Trækulsbombe 106
48. Limoncello Fizzer 108
49. Gammeldags 110
50. Bubblegum Bomb 112
51. Fødselsdagskage 114
52. Biens Knæ 116
53. Berry Smash 118
54. Jordbær Basilikum Mojito 120
55. Grapefrugtknusning 122
56. Peaches n' Cream Bombs 124
57. Blåbærbomber 127
58. Agurk Mint Twist 130
59. Candy Candy Glitter Bombs 132
60. Koolaid Bomber 134
61. Karamel Æblecideerbomber 136
62. Candy floss bombe 138

63. Azalea bombe 140
64. Mango batida bombe 142
65. Frostet tranebærbombe 144
66. Blå hindbærbombe 146
67. Hindbærappelsinbombe 148
68. Citrondråbebombe 150
69. Cosmo Bomb 152
70. Peacharita-bombe 154
71. Passionsorkanbombe 156
72. Michelada Bomb 158
73. Zombie Cocktail bombe 160
74. Sazerac-bombe 162
75. Mango Mule 164
76. Citrus Fizz 166
77. Jomfruagurkebombe 168
78. Rituel æblebombe 170
79. Shirley Ginger 172
80. Vandmelon Margarita 174
81. Berry Burlesque 176
82. Lavendel Lemonade 178
83. Rosemary Blueberry Smash 180
84. Kokos-, agurk- og myntebombe 182
85. Vandmelon & Myntebombe 184
86. Citrongræs- og jasminbombe 186
87. Blåbær Mojito 188
88. Jomfru Paloma 190
89. Wildcat Cooler 192
90. Ananas ingefærølbombe 194
91. Seedlip Spice & Tonic 196
92. Ananasskomager 198
93. Tahitisk kaffe 200
94. Hindbærbiens knæ 202
95. Pina Serrano Margarita 204

96. Nopaloma bombe 206
97. Revitaliseringsbombe 208
98. Arnold Palmers brusende bombe 210
99. Prosecco Rose 212
100. Frugtfulde Drikbomber 214
KONKLUSION **216**

INTRODUKTION

Er du klar til at hengive dig til den seneste sensation, der tager dessertverdenen med storm? Varme chokoladebomber er dukket op overalt på sociale medier, og med god grund: de er absolut lækre! Disse små kugler af godhed er fyldt med varm chokoladeblanding, skumfiduser og andre lække overraskelser, der åbner sig, når du hælder varm mælk over dem, hvilket skaber en dekadent, cremet kop kakao.

I denne Det ultimative Varm Chokolade Bomber Kogebog Cookbook finder du en bred vifte af opskrifter til enhver smag og lejlighed. Uanset om du foretrækker klassiske varm kakaosmag eller ønsker at eksperimentere med spændende nye kombinationer som mynte, jordnøddesmør eller endda græskarkrydderi, har denne kogebog dækket dig.

Du vil lære alle de tips og tricks, du skal bruge for at skabe perfekte varm chokoladebomber hver gang, fra de rigtige forme til at bruge til den bedste chokolade at smelte. Imponer dine venner og familie med fantastisk dekorerede bomber, inklusive ferie-tema-design til jul, Halloween og Valentinsdag.

Så tag dit forklæde og gør dig klar til at forkæle dig selv med et chokoladeeventyr med denne Det ultimative Varm Chokolade Bomber Kogebog Cookbook!

Varm chokoladebomber, varm kakao, skumfiduser, dekadent, cremet, lækker, opskrifter, klassiske, nye kombinationer, mynte, jordnøddesmør, græskarkrydderi, tips, tricks, forme, chokolade, dekorerede bomber, ferie-tema design, jul, halloween, Valentinsdag, chokoladeeventyr..

1. Matcha varm chokolade bomber

GØR: 6 bomber

INGREDIENSER:
MATCHA TRØFLER
- 1/4 kop hvide chokoladechips
- 1 spsk kraftig piskefløde
- 1/4 tsk matcha pulver

HVID CHOKOLADE MATCHA SKAL
- 3/4 kop hvide chokoladechips
- 1 & 1/2 tsk matcha pulver

UDSTYR:
- Halvkugleforme

INSTRUKTIONER:
MATCHA TRØFLER
- ☑ Smelt den hvide chokolade, den tunge piskefløde og matcha-pulveret sammen i en lille mikrobølgesikker skål i 60 sekunder.
- ☑ Dæk til og stil på køl i køleskabet eller fryseren i 30-45 minutter, eller indtil det er helt sat.
- ☑ Tag 1 tsk ud ad gangen, rul og læg på et fad.

MATCHA SKALLER
- ☑ Kombiner den hvide chokolade og matcha-pulveret i en mellemskål. Mikroovn indtil smeltet.
- ☑ Når hele chokoladen er smeltet, puttes en spiseskefuld af den i hvert formhulrum.
- ☑ Fordel chokoladeblandingen langs siderne af hver form med bagsiden af en ske.
- ☑ Frys formen i 15 minutter eller indtil skallerne er helt faste.

AT SAMLE
- ☑ Læg en af de tomme chokoladekupler på et fad, der er blevet let opvarmet. Læg matcha-trøffelen i den, kog den anden halvdel og kom med dem.
- ☑ Smelt den resterende hvide chokolade i en plastikpose og hæld den let over matcha-chokoladebomberne.
- ☑ Opbevares på køl i en lufttæt beholder i op til en uge.

2. Candy Candy Chokolade Bomber

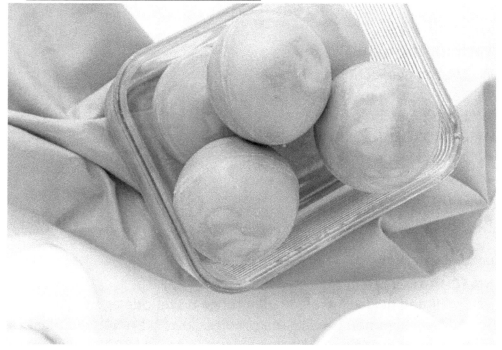

GØR: 5 bomber

INGREDIENSER:
- 6 spiseskefulde jordbærmælkblanding
- 1 kop pink slik smelter, smeltet
- Candyfloss
- 1 kop blåt slik smelter, smeltet
- ½ kop mini skumfiduser

UDSTYR:
- Silikone form

INSTRUKTIONER:
- ☑ Fyld hver halvkugleform med 1 spiseskefuld af hver farve.
- ☑ For at skabe et marmorlook skal du røre farverne sammen med bagsiden af en ske og fordele dem jævnt i formene.
- ☑ Sæt i køleskabet for at sætte sig i 8 minutter.
- ☑ Fjern forsigtigt kuglerne fra formen, når de er størknet.
- ☑ Hæld 6 af de kugleformede halvdele med 1 spiseskefuld jordbærmælk.
- ☑ Øverst drysser du lidt bomuldsbolche og et par små skumfiduser.
- ☑ Mikrobølgeovn en lille skål i 45 sekunder for at forvarme den.
- ☑ En af de tomme kuglehalvdele skal placeres på pladen i en kort periode for at smelte kanterne og skabe lim.
- ☑ Juster de tilsvarende, fyldte halve kugler
- ☑ Kombiner med 6 ounce varm mælk eller vand til servering.

3. Græskarkrydderi varm chokoladebomber

GØR: 3 bomber

INGREDIENSER:
- 1 1/2 kopper hvidt slik smelter, smeltet
- 1/4 kop orange slik smelter, smeltet
- 3 pakker Pumpkin Spice Hot Chocolate Mix
- 1/4 kop mini skumfiduser

UDSTYR:
- Silikone kugleform

VEJLEDNING
- Kom en og en halv teskefuld chokolade i hver kugle.
- Med en ske eller pensel jævnes og flyttes chokoladen rundt i formen, så den dækker den helt.
- Sæt det i køleskabet i omkring fem minutter.
- Når chokoladen er stivnet, tages den forsigtigt ud af formene.
- Tilsæt skumfiduser til tre af chokoladerne efter tilsætning af den varme chokoladeblanding.
- Varm en ret op, der kan varmes i mikroovnen.
- Læg den tomme chokoladestang på pladen, og smelt derefter kanterne.
- Juster det til toppen af den fulde varme chokolade sfærisk.
- Brug derefter chokoladen som lim, og skub forsigtigt stykkerne sammen.
- Hæld appelsinchokolade i en sprøjtepose, og tilsæt derefter snore til bombens top.

4. Varm chokolade bomber

GØR: 4 bomber

INGREDIENSER:
- 2 kopper Chokoladechips, smeltet
- 3 pakker varm kakaoblanding

TOPPINGS
- Mini skumfiduser
- Drys
- Toffee stykker

VEJLEDNING
- ☑ Hæld den smeltede chokolade i formene med en ske, og jævn den langs kanterne, indtil den er helt dækket.
- ☑ Stil chokoladen på køl i cirka 30 minutter, eller til den er helt fast.
- ☑ Fyld din form med den varme kakaoblanding og eventuelle andre ingredienser.
- ☑ Hæld den resterende chokolade oven på bomberne for at forsegle "bagsiden" af dem.
- ☑ Stil formen i køleskabet til chokoladen har sat sig.
- ☑ Anret bomben i et krus med varm mælk og rør til den er smeltet.

5. Rainbow hvid varm chokolade bomber

GØR: 12 bomber

INGREDIENSER:
- 16 ounce hakket hvid chokolade, smeltet
- ½ kop mini skumfiduser
- 6 hvid varm chokolade mix pakker
- ½ kop Lucky Charms Marshmallows
- Drys

INSTRUKTIONER:
- ☑ Kom cirka 1 spsk af den smeltede chokolade i hver form og glat den ud med bagsiden af skeen.
- ☑ Lad 10 minutter fryse.
- ☑ Tag formene ud af fryseren, og tag chokoladeskallerne ud af formene.
- ☑ Læg halvdelene på et varmt fladt fad for at flade kanterne.
- ☑ Fyld hvert hulrum med en pakke skumfiduser og varm kakaoblanding.
- ☑ Genopvarm pladen i mikroovnen i to minutter.
- ☑ Placer de resterende dele, den ene oven på den anden, og tryk dem forsigtigt sammen for at forsegle.
- ☑ Server med en kop varm mælk.

6. Marmorchokoladeæg

GØR: 3 bomber

INGREDIENSER:
- 10 spsk hvid chokolade, smeltet
- Assorterede slik
- Frugtfarve

INSTRUKTIONER:
- ☑ For at lave de ønskede farver, kombiner 1 spiseskefuld smeltet chokolade med forskellige madfarver.
- ☑ Fyld en silikoneæggeform halvt med farvet chokolade. For at lave et marmoreret design skal du hvirvle farverne sammen med en tandstikker.
- ☑ Hæld smeltet hvid chokolade over toppen af formen og drej den for at dække den helt. Lad den køle helt af, inden du tager den ud af formen.
- ☑ Forvarm en metalplade og tryk halvdelen af hvert æg på den, indtil kanterne begynder at smelte.
- ☑ Fyld med forskellige slik så hurtigt som muligt, og tryk derefter de to dele sammen, indtil de er helt forseglede.

7. Rum Chata Hot Cocoa Bombs

GØR: 3 bomber

INGREDIENSER:
- 12 ounce hvid smeltende chokolade
- 6 spiseskefulde Rum Chata
- 2 pakker varm kakaoblanding
- 1 kop mini skumfiduser
- 6 kopper varm mælk

UDSTYR:
- 1 sæt silikoneforme

INSTRUKTIONER:
- ☑ Kom chokolade i formene, sørg for at overtrække indersiden, og stil til side i 15 minutter for at stivne.
- ☑ Fjern chokoladen fra formene.
- ☑ Smelt halvdelen af en kugles kanter.
- ☑ Fjern, fordel ud på en bageplade, og top med kakaopulver, rom chata og miniature skumfiduser.
- ☑ Smelt kun kanterne af den resterende halvdel af chokoladekuglerne og sæt den oven på en af chokoladekuglerne, fyld den med kakao eller andre ingredienser for at skabe toppen af kuglen eller bomben.
- ☑ Efter at de er blevet fyldt og smeltet sammen, stilles kakaobomberne i køleskabet i 30 minutter, eller indtil chokoladen er helt stivnet.
- ☑ Hæld varm mælk ovenpå.
- ☑ Tilsæt kakaopulveret og server derefter!

8. Kakaobomber fra slikrør

GØR: 6 bomber

INGREDIENSER:
- 1/4 kop knuste slikstokke
- Mini candy cane drys
- 1/2 kop købt kakaoblanding
- 12 ounce lyst hvidt slik smelter, hærdet
- 1/2 kop dehydrerede mini skumfiduser
- 1/4 tsk pebermynte-aromaolie
- Kagetopper i form af slikstokke
- Pebermynteskumfiduser

INSTRUKTIONER:
- ☑ Smelt chokoladen og smag til med olien.
- ☑ Hæld 1-2 tsk smeltet chokolade i hver form og glat ud med en pensel eller bagsiden af en ske for at sikre, at chokoladen dækker hele formen og strækker sig op ad siderne.
- ☑ Stil til side i 5 minutter i køleskabet.
- ☑ Fjern forsigtigt formen.
- ☑ Til toppen afsættes 6 af skallerne.
- ☑ Smelt kanterne af de 6 nederste skaller.
- ☑ Til hver skal tilsættes 1 spiseskefuld af den hvide kakaoblanding, en generøs mængde bolsjedrys, en pebermynteskumfidus, en bolsjeformet bolsjetopping og flere tørrede miniskumfiduser.
- ☑ Smelt kanterne af toppene og sæt dem på de resterende skaller.
- ☑ Smag til med varm mælk.
- ☑ Opbevar tilberedte chokoladebomber i en lufttæt beholder ved stuetemperatur i op til to uger.

9. Fireball varme kakao bomber

GØR: 6 bomber

INGREDIENSER:
- 7 oz mælkechokolade smeltende vafler, smeltet
- 6 spsk varm kakaoblanding
- 2 shots Fireball Whisky
- Røde jimmies
- Guld drys blanding
- Semi Sphere silikoneform

INSTRUKTIONER:
- ☑ Fyld hver forms hulrum med en skefuld smeltet chokolade.
- ☑ Brug en ske eller wienerbrødspensel til at fordele chokoladen jævnt i formens hulrum.
- ☑ Stil i fryseren i fem minutter.
- ☑ Tilsæt Fireball Whisky og den varme kakaoblanding til en stor røreskål og pisk godt.
- ☑ Klip spidsen af ziplock-posen eller konditorposen og hæld den resterende smeltede chokolade heri.
- ☑ Mikroovn et lille fad.
- ☑ Fyld 6 chokoladehalvkugler med Fireball og kakaoblandingen.
- ☑ Tilføj Fireball/kakaoblandingen til 6 chokoladehalvkugler.
- ☑ Læg en tom halvkugle på hovedet på en varmeplade, og flyt den langsomt rundt for at smelte kanten.
- ☑ Fastgør til en chokoladehalvkugle, der har kakao eller ildkugler indeni.
- ☑ For at servere, tilsæt 6 oz varmt vand eller mælk til et krus, rør grundigt og nipper.

10. Hjerteformede kakaobomber

GØR: 6 bomber

INGREDIENSER:
VARMT CHOKOLADE PULVER:
- ¼ kop hakket hvid chokolade
- 1 kop superfint sukker
- ½ kop usødet kakaopulver
- 2 spsk mælkepulver

VARME CHOKOLADE BOMBER:
- 1 kop varm chokoladepulver
- 16 ounce hvid chokoladebark, smeltet
- ¼ kop mini skumfiduser

VEJLEDNING
VARMT CHOKOLADE PULVER:
- ☑ Bland alle ingredienserne til chokoladepulveret i en lille skål.

VARME CHOKOLADE BOMBER:
- ☑ Fyld hver af den hjerteformede forms huller med 2-3 spsk smeltet hvid chokolade med en ske eller en wienerbrødspensel.
- ☑ Afkøl i cirka 5 minutter, eller indtil den er helt fast.
- ☑ Tag chokoladeskallerne ud af formen og prop den ene side med skumfiduser og to spiseskefulde varm chokoladepulver.
- ☑ Varm en slip-let stegepande op.
- ☑ Læg kanten af den tomme skal på overfladen i 3 til 5 sekunder, eller indtil kanten begynder at blive blød.
- ☑ Skub forsigtigt de to skaller sammen for at skabe en forsegling.
- ☑ Sæt den forseglede bombe tilbage i køleskabet i fem minutter, så den kan sætte sig.
- ☑ Server med en kop varm mælk.

11. S'mores varme kakaobomber

GØR: 6 varme kakaobomber

INGREDIENSER:
- 3 kopper smeltet hvid chokolade mandelbark
- 1 1/2 kopper varm kakaomix - opdelt
- Mini skumfiduser - 5 for hver bombe - 30 i alt
- 1 kop chokolade - smeltet - til toppynt
- Mini skumfiduser - ristede - til topdekoration.
- 1 ærme Graham Crackers - halvdele
- 3 Hershey's Chokoladebarer - knækket i stykker ved perforeringerne

INSTRUKTIONER:
- ☑ Placer hvid chokolade mandelbark i en mikroovnsikker skål, og mikroovn med 15 sekunders mellemrum, indtil chokoladen er smeltet. Rør mellem intervallerne.
- ☑ Hæld den hvide chokolade inde i formen, nok til at dække bunden og siderne med et tykt lag chokolade. Lad sidde ved stuetemperatur i cirka 30 minutter, og stil derefter på køl i yderligere 30 minutter for at sætte chokoladen helt.
- ☑ Tag ud af køleskabet, og fyld halvdelen af formene med 1/4 kop Hot Cocoa Mix og Mini Marshmallows.
- ☑ Fjern den anden halvdel af chokoladen fra formene, varm forsigtigt kanterne i en lille slip-let stegepande eller varmeplade, så kanten af chokoladen næsten ikke smelter, og sæt toppen af formen fast i bunden af formen, forsegl dem med smeltet chokolade.
- ☑ Sæt tilbage i køleskabet i 30 minutter, for at sætte chokoladen.
- ☑ Tag chokoladebomben ud af køleskabet, dryp smeltet chokolade hen over S'mores Hot Cocoa Bombs, læg en klat chokolade ovenpå og læg 3 miniristede skumfiduser på toppen.
- ☑ Læg en klat chokolade oven på en Graham Cracker firkant, og sæt de to stykker sammen. Læg endnu en klat chokolade oven på chokoladen og sæt den varme kakaobombe fast på toppen.
- ☑ Til servering, kom varm mælk i og lad det opløses, rør rundt og nyd!

12. Skellington Hot Cocoa Bombs

Gør: 8-10 varme kakaobomber

INGREDIENSER:
- 1 - 30 oz pose hvid chokolade smeltende oblater
- 2 kopper græskarkrydderi varm kakaoblanding
- 1 kop mini skumfiduser
- 1 flaske sort kageglasur

INSTRUKTIONER:
- ☑ Brug køkkenrulle eller rent køkkenrulle og tør silikoneformene af indersiden. Dette vil tillade din chokoladeform at have en skinnende pels på den
- ☑ Brug en varmesikker skål, hæld i skålen og placer de resterende smeltende wafers i mikrobølgeovnen i 45 sekunders intervaller. Sørg for at røre chokoladen efter hvert 45. sekund, indtil den er helt smeltet og glat
- ☑ Brug en ske til at hælde ca. 1-2 spsk af chokoladen i formen
- ☑ Rør forsigtigt chokoladen rundt, så den dækker indersiden af formen helt
- ☑ Ryst den ekstra chokolade let tilbage i skålen
- ☑ Stil de belagte forme i køleskabet i 5-10 minutter
- ☑ Tag den ud af køleskabet og pil forsigtigt silikoneformen væk fra den hærdede chokoladeskal
- ☑ Sæt forsigtigt formen på bagepapiret
- ☑ Gentag trinene med de resterende forme
- ☑ Du skal nu have 8 halvkugleforme
- ☑ Tag forsigtigt den åbne side af kuglen og læg den på panden for at smelte de ujævne kanter af for at skabe en glat kant
- ☑ Læg skallen tilbage på bagepapiret og lad kanten stivne
- ☑ Hæld cirka 1 spiseskefuld af græskarkrydderi varm kakaoblanding i bunden af kugleformen
- ☑ Læg et par mini skumfiduser i skallen
- ☑ Placer toppen af skallen tilbage på den varme pande for at smelte kanterne i et par sekunder
- ☑ Læg hurtigt de smeltede kanter på den fyldte skal og tryk forsigtigt ned
- ☑ Pres småkageglasuren ned i sprøjteposen og skær spidsen af.
- ☑ Forsigtigt rør detaljerne i Jack Skellingtons ansigt.
- ☑ Lad glasuren stivne, inden du nyder den i et glas dampet mælk!

13. Frugtige småsten varme kakaobomber

Gør: 6

INGREDIENSER:
- 2 kopper hvide smeltende vafler med vaniljesmag
- ¼ kop blåt slik smelter
- ¼ kop lilla slik smelter
- ¼ kop pink slik smelter
- 6 spsk jordbær chokolade mælkepulver
- 1 kop frugtagtige småsten korn
- ½ kop mini skumfiduser
- Halvkugle silikoneform
- Konditorbørste

INSTRUKTIONER:
- ☑ I en mellemstor, mikrobølgesikker skål smeltes de hvide smeltende wafers i intervaller på 30 sekunder, mens du rører ind imellem for at forhindre forbrænding. Dette bør kun tage 60-90 sekunder.
- ☑ Når de er smeltet, skal du belægge hver form jævnt med cirka 2 spiseskefulde med din wienerbrødsbørste eller ske.
- ☑ Når formene er overtrukket, stil dem i køleskabet i cirka 10-15 minutter, indtil chokoladen er stivnet.
- ☑ Tag det ud af køleskabet og påfør et andet lag chokolade og lad det stivne igen. Fjern derefter forsigtigt hver halve kugle fra formen og stil til side.
- ☑ I 3 små, mikrobølgesikre skåle smeltes hver af de farvede sliksmeltninger i intervaller på 30 sekunder, mens der røres imellem. Dette bør kun tage omkring 30-60 sekunder.
- ☑ Adskil 6 af kuglehalvdelene og reserver de andre 6 til bundene. Tag de seks toppe én ad gangen, og brug konditorbørsten til at pensle et tyndt lag farvet slik og smelte over ydersiden af hver halvkugle.
- ☑ Dyp hurtigt ned i de frugtagtige småsten, eller tryk forsigtigt korn på den halve kugle og lad det sidde, indtil det er stivnet.

- ☑ I de andre 6 almindelige hvide halvdele hældes 1 spiseskefuld jordbærchokolademælk i. Top med ½ spsk eller mere af de frugtagtige småsten og flere mini-skumfiduser.
- ☑ Varm en lille, mikroovnsikker tallerken i mikrobølgeovnen i cirka 45-60 sekunder. Læg den tomme, "malede" halvdel på den varme tallerken i et par sekunder for at lade kanten smelte. Den varme, smeltede kant fungerer som lim.
- ☑ Placer den straks oven på den koordinerende, fyldte halvkugle. Kør en ren finger langs kanten for at rense den. Afslut at forbinde de andre 5 kugler.
- ☑ Server og nyd eller pak og brug som gaver!

14. Marshmallow Chokolade Bomber

Mærke: 8 bomber

INGREDIENSER:
- 6 ounce hakket chokolade eller chokoladechips
- 1½ spsk kakaopulver
- 1 ½ spsk granuleret sukker
- 1/4 kop dehydrerede skumfidusstykker
- 1/4 kop hakket kontrastchokolade til drypning

INSTRUKTIONER:
- ☑ Smelt 4 ounce (ca. 2/3 kop) af chokoladen, og hæld derefter 1 teskefuld smeltet chokolade i hver af de 16 kopper i en silikoneform.
- ☑ Brug bagsiden af en lille ske, såsom en 1/4-tsk måleske, til at skubbe den smeltede chokolade op ad siderne og rundt om kanterne af hver kop for at dække den helt.
- ☑ Smelt de resterende 2 ounce (1/3 kop) chokolade og gentag processen. Denne gang hælder du kun 1/2 tsk smeltet chokolade i hver kop og arbejder med en formkop ad gangen, hæld chokoladen i og fordel den på sider og kanter, da den vil stivne hurtigt, når den kommer i kontakt med det frosne. chokolade. Det er vigtigt at sørge for, at siderne af din form er godt overtrukket, og at du har et dejligt tykt lag chokolade - dette vil hjælpe med at forhindre revner.
- ☑ Frys formen/formene i yderligere 5 minutter.
- ☑ Pisk kakaopulver og perlesukker sammen i en lille skål for at lave en varm chokoladeblanding. Beklæd en lille bageplade med bageplade med bagepapir og top med en rist på hovedet. Dette forhindrer chokoladeskallerne i at rulle rundt, mens du fylder dem.
- ☑ Fjern chokoladeskallerne fra formene. Det er en vanskelig proces, så tag dig god tid. Brug tommelfingrene til forsigtigt at skrælle silikonen væk fra chokoladens kanter, og skub derefter op fra bunden af formen med pegefingrene for at hjælpe med at løfte skallen ud.

- ☑ Hvis der er små revner eller takkede kanter på skallen, skal du ikke bekymre dig. De vil blive udjævnet i næste trin.
- ☑ Fyld de varme chokoladebomber:
- ☑ Opvarm en mikrobølgesikker tallerken i mikrobølgeovnen lige indtil den er varm, cirka 30 sekunder. Læg 1 chokoladeskal med den åbne side nedad på den varme tallerken, og smelt kanterne, indtil de er flade.
- ☑ Hæld forsigtigt 1/2 tsk kakao-sukkerblanding i skallen. Placer den fyldte skal på stativet for at holde den oprejst.
- ☑ Pres forsigtigt de to halvdele sammen.
- ☑ Brug din finger til at sprede den smeltede chokolade rundt om sømmen på bomben for at forsegle den lukket. Gentag indtil alle bomberne er fyldt og forseglet.
- ☑ For at dekorere, smelt den hvide chokolade og læg den i en lille sandwichpose med lynlås. Klip et lille hjørne af posen, og dryp derefter chokoladen over bomberne. Dette hjælper også med at dække over eventuelle grimme sømme eller fingeraftryksmærker!
- ☑ Opvarm 3/4 kop mælk i et mikrobølgesikkert krus eller en gryde over medium-lav varme, lige indtil det er dampende varmt.
- ☑ Slip forsigtigt en varm chokoladebombe i kruset eller hæld den dampende mælk over en bombe placeret i et krus og se magien ske.
- ☑ Server med yderligere skumfidusbits, hvis det ønskes.

15. Cappuccino bomber

GØR: 6 bomber

INGREDIENSER:
- Chokolade slik vafler, smeltet
- 1 spiseskefuld + 1 tsk Cappuccino instant mix
- Vanilje hvide slikvafler, smeltet
- Varm Mælk

UDSTYR:
- Medium halvkugle silikoneform

INSTRUKTIONER:
- ☑ Brug bagsiden af en ske til at fylde silikoneformene med smeltet chokolade.
- ☑ Stil dem på køl eller frys i 10-15 minutter, eller indtil de er nemme at fjerne.
- ☑ Tilsæt 1 spiseskefuld + 1 tsk instant cappuccinoblanding til den ene chokoladehalvdel.
- ☑ Opvarm en tallerken i mikroovnen i omkring 15 sekunder. For at smelte chokoladen, tag den anden chokoladehalvdel og læg den åbne del på den varme plade i et par sekunder.
- ☑ Forbind de to halvdele af chokoladerne og forsegl dem sammen.
- ☑ Nyd med varm mælk.

16. Flødekaffebomber

GØR: 3 bomber

INGREDIENSER:
- ½ kopper isomalt, smeltet
- 3-4 teskefulde instant kaffe
- ¼ kopper pulverkaffeflødekande
- Brun Gel Fødevarefarve

INSTRUKTIONER:
- ☑ Overtræk den ene halvkugleform med brun madfarve og 1 spiseskefuld smeltet isomalt.
- ☑ Med bunden af din ske skubbes isomalten op ad siderne af formen.
- ☑ Frys bombeformene fyldt med Isomalt i 5 minutter. Pil silikonen af formene efter at have fjernet dem fra fryseren fra Isomalt-koppen med en blid skrælningsbevægelse.
- ☑ Til Isomalt-forme tilsættes 1 spiseskefuld instant kaffe og pulveriseret flødekande.
- ☑ Varm en tallerken op, og tryk en af de tomme Isomalt-kopper med den åbne side nedad på den flade del af varmepladen i ca. 10 sekunder.
- ☑ Placer denne kant oven på en af de fyldte kopper med det samme.
- ☑ Dette vil forbinde de to halvdele af bomben.

17. Blond hvid Mokka Kaffebombe

GØR: 3 bomber

INGREDIENSER:
- 1 kop hvide chokoladechips, smeltet
- 6 spsk vaniljepulverkaffefløder

INSTRUKTIONER:
- ☑ Overtræk indersiden af silikoneformen med et jævnt lag chokolade med en ske eller wienerbrødspensel.
- ☑ Frys formen i 10-15 minutter i fryseren.
- ☑ Fjern forsigtigt de halve cirkler fra formen og læg dem på et frossent fad.
- ☑ Hæld 1-2 tsk kaffeflødekande sammen med eventuelle yderligere ingredienser i tre halve kugler.
- ☑ Opvarm let kanterne på de resterende kuglehalvdele og læg dem oven på de flødekandeholdende.
- ☑ For at bruge kaffebomben, læg den i et kaffekrus og hæld varm kaffe over den.

18. Schwarzwald kaffebombe

GØR: 2 bomber

INGREDIENSER:
- ½ kopper isomalt, smeltet
- 3-4 teskefulde instant kaffe
- 2 spsk chokoladesirup
- Barberet chokolade

UDSTYR:
- 1 sæt silikoneforme

INSTRUKTIONER:
- ☑ Med bunden af din ske skubbes isomalten op ad siderne af formen.
- ☑ Frys bombeformene i 5 minutter.
- ☑ Pil silikonen af formene, når du har taget dem ud af fryseren.
- ☑ Til hver Isomalt-bombe skal du tilføje instant kaffe, chokoladesirup og barberet chokolade.
- ☑ Varm en tallerken op, og tryk en af de tomme Isomalt-kopper med den åbne side nedad på den flade del af varmepladen.
- ☑ Placer denne opvarmede kant Isomalt oven på en af de fyldte kopper med det samme.
- ☑ Dette vil forbinde de to halvdele af bomben.

19. Krydret mexicansk mokkabombe

GØR: 2 bomber

INGREDIENSER:
- ½ kopper isomalt, smeltet
- 3-4 teskefulde instant kaffe
- 1/4 tsk vietnamesisk kassiakanel
- ¼ kopper pulverkaffeflødekande
- 1/4 tsk jamaicansk allehånde
- 1/8 tsk cayennepeber
- 2 spsk pulveriseret sukker
- 1 spsk usødet malet chokoladepulver

UDSTYR:
- 1 sæt silikoneforme

INSTRUKTIONER:
- ☑ Med bunden af din ske skubbes isomalten op ad siderne af formen.
- ☑ Frys bombeformene i 5 minutter.
- ☑ Pil silikonen af formene, når du har taget dem ud af fryseren.
- ☑ Til hver Isomalt-bombe skal du tilføje instant kaffe, pulveriseret flødekande, pulveriseret sukker, chokoladepulver, kanel, jamaicansk allehånde og cayennepeber.
- ☑ Varm en tallerken op, og tryk en af de tomme Isomalt-kopper med den åbne side nedad på den flade del af varmepladen.
- ☑ Placer denne opvarmede kant Isomalt oven på en af de fyldte kopper med det samme.
- ☑ Dette vil forbinde de to halvdele af bomben.

20. Hindbær frappuccino bombe

GØR: 2 bomber

INGREDIENSER:
- ½ kopper isomalt, smeltet
- 3-4 teskefulde instant kaffe
- ¼ kopper pulverkaffeflødekande
- 2 spsk hindbærsirup
- 3 spsk chokoladesirup

UDSTYR:
- 1 sæt silikoneforme

INSTRUKTIONER:
- ☑ Med bunden af din ske skubbes isomalten op ad siderne af formen.
- ☑ Frys bombeformene i 5 minutter. Pil silikonen af formene, når du har taget dem ud af fryseren.
- ☑ Til hver Isomalt-bombe skal du tilføje instant kaffe, Powdered Coffee Creamer, hindbærsirup og chokoladesirup.
- ☑ Varm en tallerken op, og tryk en af de tomme Isomalt-kopper med den åbne side nedad på den flade del af varmepladen.
- ☑ Placer denne opvarmede kant Isomalt oven på en af de fyldte kopper med det samme.
- ☑ Dette vil forbinde de to halvdele af bomben.

21. Skudsikre kaffebomber

GØR: 3 bomber

INGREDIENSER:
- 1/3 kop ghee
- 3 skeer kollagen
- 1,5 spsk kokosolie eller MCT-olie, smeltet
- 1/4 tsk kanel
- 1 tsk kakaopulver

INSTRUKTIONER:
- ☑ Brug bagsiden af en ske til at overtrække 6 halvkugleforme med ca. 1 spiseskefuld smeltet ghee.
- ☑ Frys formen i cirka 10 minutter.
- ☑ Sæt de hærdede skaller på kølepladen efter at have fjernet dem fra formene. Halvdelen af formene skal fyldes med kollagen og kanel.
- ☑ Dyp forsigtigt de ufyldte halve skaller i den smeltede kokosolie. Placer den med forsiden nedad oven på en fyldt halv skal, og luk derefter kanterne ved at gnide fingerspidserne rundt om hele det forseglede område.
- ☑ Sæt den tilbage i fryseren i yderligere 5-10 minutter.
- ☑ I en separat skål piskes kakaopulveret og den resterende smeltede kokosolie sammen, indtil det er glat.
- ☑ Dryp 1/2-1 tsk af blandingen over ghee-kuglerne og smag til med havsalt. Sæt tilbage i fryseren indtil den skal bruges.
- ☑ Server med en kop varm kaffe, der er friskbrygget.

22. Instant Orange Cappuccino

GØR: 2 bomber

INGREDIENSER:
- ½ kopper isomalt, smeltet
- 3-4 teskefulde instant kaffe
- ¼ kopper pulverkaffeflødekande
- 1/3 kop sukker
- 1 eller 2 orange hårde slik (knust)

UDSTYR:
- 1 sæt silikoneforme

INSTRUKTIONER:
- ☑ Med bunden af din ske skubbes isomalten op ad siderne af formen.
- ☑ Frys bombeformene i 5 minutter. Pil silikonen af formene, når du har taget dem ud af fryseren.
- ☑ Til hver Isomalt-bombe skal du tilføje instant kaffe, pulveriseret flødekande, sukker og appelsinkarameller.
- ☑ Varm en tallerken op, og tryk en af de tomme Isomalt-kopper med den åbne side nedad på den flade del af varmepladen.
- ☑ Placer denne opvarmede kant Isomalt oven på en af de fyldte kopper med det samme.
- ☑ Dette vil forbinde de to halvdele af bomben.

23. Blomsterte bombe

GØR: 3 bomber

INGREDIENSER:
- 3 teposer eller løsbladste
- 1/2 kop isomaltkrystaller, smeltet
- Tørrede spiselige blomster

UDSTYR:
- Semi Sphere Silikone Form
- Kasserolle

INSTRUKTIONER:
- ☑ Hæld en eller to spiseskefulde smeltet isomalt på hver side af kloden, mens blandingen hvirvles rundt for at dække hele overfladen.
- ☑ Stil til side i 30 minutter for at lade kuglerne køle af.
- ☑ I en af kuglerne skal du placere en tepose og derefter tilføje tørrede blomster.
- ☑ Fjern de tomme kugler forsigtigt og stil en lille stegepande over lav varme. En af krystallernes kanter skal smeltes lige nok til at fungere som klæbemiddel.
- ☑ Kombiner de to tekugler for at danne en kugle.
- ☑ Top med spiselige blomster ved forsigtigt at dyppe blomsten i Isomalt-blandingen og fastgøre den til toppen med sukkerhandsker.

24. Tebombe med vaniljesirup

GØR: 3 bomber

INGREDIENSER:
- 1 kop pulveriseret erythritol
- 1/3 kop sukkerfri vaniljesirup
- 2 spsk vand
- Frugtfarve
- Løs te eller teposer

UDSTYR:
- Silicium halvmåneform

INSTRUKTIONER:
- ☑ Kombiner det pulveriserede sødemiddel, sirup og vand i en mellemstor gryde. Opvarm over medium-høj varme, indtil temperaturen når 300 ° F.
- ☑ Tag gryden af varmen. Hvis det ønskes, tilsæt et par dråber madfarve.
- ☑ Hæld cirka 1-2 spsk af den flydende slikblanding i et af formens hulrum og spred det ud med en ske langs siderne.
- ☑ Pil sliket ud af silikoneformen, når det er størknet. Seks af halvmånerne skal fyldes med løs te eller en tepose.
- ☑ Varm en stegepande op over middel varme for at binde de to dele sammen. Uden te i panden, smelt hjørnerne af en halvmåne. Placer derefter straks den anden halvdel oven på teen for at forsegle den.

25. Sorte Chai tebomber

GØR: 2 bomber

INGREDIENSER:
- ¼ kop isomalt, smeltet
- 2 sorte Chai teposer

INSTRUKTIONER:
- ☑ Hæld cirka en fjerdedel af den smeltede isomalt i det sfæriske formhulrum, og pres isomalten op og rundt om formens kanter med din ske.
- ☑ Frys de fyldte forme i 5 minutter for at størkne dem.
- ☑ Tag de fulde forme ud af fryseren og træk forsigtigt formen væk fra de halve kugler af isomalt.
- ☑ Indsæt en tepose mellem to isomalt-halvkugler, og lad tebombens mærke hænge ud.
- ☑ Forvarm din gryde til middel varme, og vend derefter en tom isomalt-halvkugle og tryk den flade kant af isomaltformen mod grydens bund, indtil den begynder at smelte.
- ☑ Læg den let smeltede isomalthalvdel oven på en isomalthalvbombe med en tepose hurtigst muligt.
- ☑ Når isomalten afkøles, vil de to sider af tebomben forsegle sig sammen i løbet af få sekunder.

26. Sukker te bomber

GØR: 7 bomber

INGREDIENSER:
- 2 spsk vand
- 1 kop hvidt sukker
- 1/3 kop let majsirup
- 7 teposer
- Gel madfarve
- Glansstøv eller tørrede blomster

INSTRUKTIONER:
- ☑ Kombiner sukker, vand og let majsirup i en komfur.
- ☑ Bring i kog.
- ☑ Rør gelémadfarven i.
- ☑ Hæld sukkeret i en silikoneform og fordel det rundt med bagsiden af en ske. Tillad 15-20 minutter til blandingen er helt størknet.
- ☑ Når sukkeret er sat, løfter du forsigtigt bunden af formen for at frigøre cirklen, og fjern forsigtigt halvdelen af stykkerne fra formen, mens halvdelen af sukkercirklerne bliver siddende.
- ☑ Placer teposer, blomster og/eller glansstøv i de halvcirkler, du efterlod i formen.
- ☑ Træk teposetråden ud af formen.
- ☑ Forvarm komfuret under gryden på lavt niveau i et par sekunder.
- ☑ Glat halvdelen af den runde form ind i gryden og varm kanten op.
- ☑ Læg sukkercirklen tilbage på toppen og luk forsigtigt begge sider sammen
- ☑ Stil dem til side og sæt dem fast i yderligere 5-10 minutter.
- ☑ Pop forsigtigt tebomberne ud af formen ved forsigtigt at trykke på bunden, holde bomben ovenpå og fjerne den.

27. Hyben grøn te bombe

GØR: 7 bomber

INGREDIENSER:
- 2 spsk vand
- 1 kop hvidt sukker
- 1 citron, presset, kerner fjernet
- Gel madfarve
- teposer
- 1/3 kop let majssirup
- 2 spiseskefulde økologiske hyben
- 1-2 knivspids cayennepepper

INSTRUKTIONER:
- ☑ Kombiner sukker, vand, citronsaft og let majssirup i en komfur.
- ☑ Bring i kog.
- ☑ Rør gelémadfarven i.
- ☑ Hæld sukkeret i en silikoneform og fordel det rundt med bagsiden af en ske. Tillad 15-20 minutter til blandingen er helt størknet.
- ☑ Når sukkeret er sat, løfter du forsigtigt bunden af formen for at frigøre cirklen, og fjern forsigtigt halvdelen af stykkerne fra formen, mens halvdelen af sukkercirklerne bliver siddende.
- ☑ Placer teposer, hyben og cayenne i de halvcirkler, du efterlod i formen.
- ☑ Forvarm komfuret under gryden på lavt niveau i et par sekunder.
- ☑ Glat halvdelen af den runde form ind i gryden og varm kanten op.
- ☑ Læg sukkercirklen tilbage på toppen og luk forsigtigt begge sider sammen
- ☑ Stil dem til side og sæt dem fast i yderligere 5-10 minutter.
- ☑ Pop forsigtigt tebomberne ud af formen ved forsigtigt at trykke på bunden, holde bomben ovenpå og fjerne den.

28. Kokos Chai Spritzer Bomb

GØR: 2 bomber

INGREDIENSER:
- ¼ kop isomalt, smeltet
- ¼ kop kokos chia te
- 2 dråber Stevia

INSTRUKTIONER:
- ☑ Hæld cirka en fjerdedel af den smeltede isomalt i det sfæriske formhulrum, og pres isomalten op og rundt om formens kanter med din ske.
- ☑ Frys de fyldte forme i 5 minutter for at størkne dem.
- ☑ Tag de fulde forme ud af fryseren og træk forsigtigt formen væk fra de halve kugler af isomalt.
- ☑ Hæld chia-teen i formen sammen med 1 dråbe stevia.
- ☑ Forvarm din gryde til middel varme, og vend derefter en tom isomalt-halvkugle og tryk den flade kant af isomaltformen mod grydens bund, indtil den begynder at smelte.
- ☑ Læg den noget smeltede isomalthalvdel oven på den chia-tefyldte isomalthalvbombe med det samme. Når isomalten afkøles, vil de to sider af tebomben forsegle sig sammen i løbet af få sekunder.
- ☑ Server bomben med et glas mineralvand.

29. Irish Creme Coffee Bombs Opskrift

GØR: 3 bomber

INGREDIENSER:
- 1½ dl hvide chokoladechips, smeltet
- 1 spsk brun farin
- 6 spsk vanilje kaffeflødepulver
- 3 spsk whisky
- 36 oz brygget kaffe

INSTRUKTIONER:
- ☑ Fordel den smeltede chokolade i hulrummet i kuglesilikoneformen med en ske.
- ☑ Frys formen i 15 minutter, inden du bruger den.
- ☑ Tag formene ud af fryseren og fjern forsigtigt hver halvkugle fra formen, og læg dem på den frosne plade.
- ☑ I tre af sfærerne kombineres brun farin, kaffefløder og whisky.
- ☑ Smelt eller opvarm let kanterne af de resterende tre sektioner og skub dem sammen til en cirkel. For at fikse sømmen kan du bruge mere smeltet chokolade og røre ned langs kanten.
- ☑ Stil på køl eller opbevar på bordet i en lufttæt beholder indtil servering.
- ☑ For at servere skal du putte bomben i et krus og toppe den med varm ophældt kaffe. Efterhånden som chokoladen smelter, rør rundt for at inkorporere alt.

30. Frugt te bombe

GØR: 1 bombe

INGREDIENSER:
- 1 kop pulveriseret erythritol
- 2 spsk vand
- 2 spsk Lipton instant te
- Frisk mynte
- ¼ kop citronsaft
- 1/3 kop sukkerfri vaniljesirup
- ¼ kop hvid druesaft
- ⅔ kop sukker

INSTRUKTIONER:
- ☑ Kombiner det pulveriserede sødemiddel, sirup og vand i en mellemstor gryde. Opvarm indtil temperaturen når 300°F.
- ☑ Hæld cirka 1-2 spsk af den flydende slikblanding i et af formens hulrum og spred det ud med en ske langs siderne.
- ☑ Pil sliket ud af silikoneformen, når det er størknet.
- ☑ Fyld seks af halvmånerne skal fyldes med løs te eller en tepose.
- ☑ Varm en stegepande op over middel varme for at binde de to dele sammen. Uden te i panden, smelt hjørnerne af en halvmåne. Placer derefter straks den anden halvdel oven på teen for at forsegle den.

31. Earl Grey tebomber

Gør: 2

INGREDIENSER:
- 1/2 kop isomalt
- 2 individuelle Earl Grey teposer
- 2 spiseskefulde tørrede lavendelblomster

INSTRUKTIONER:
LAV TE-BOMBEN
- ☑ Placer isomalt i et varmesikkert målebæger. Mikrobølgeovn efter anvisningen på pakken, indtil den er helt smeltet.
- ☑ Tilsæt omkring ¼ af den smeltede isomalt til et sfærisk formhulrum, brug din ske til at presse isomalten op og rundt om kanterne af formen. Gentag med 3 ekstra forme.
- ☑ Sæt de fyldte forme i fryseren i 5 minutter for at stivne.
- ☑ Tag de fyldte forme ud af fryseren og pil forsigtigt formen væk fra isomalthalvkuglerne.
- ☑ Placer en tepose i to af isomalt-halvkuglerne, og lad mærket på tebomben hænge ud.
- ☑ Tilsæt 1 spsk af lavendelblomsterne i hver af tebombehalvdelene med teposerne.
- ☑ Opvarm en tallerken i mikrobølgeovnen, indtil den er varm at røre ved, vend en tom isomalt-halvkugle om og gnid den flade kant af isomaltformen på bunden af pladen, indtil den lige begynder at smelte.
- ☑ Læg straks den let smeltede isomalthalvdel oven på en isomalthalvbombe med en tepose indeni. De to sider af tebomben vil forsegle sammen på blot et øjeblik eller to, når isomalten afkøles.
- ☑ Når du er klar til at drikke din te, skal du blot placere tebomben i dit krus og derefter hælde varmt vand over den. Tebomben vil smelte, og teposen vil stejle. Isomalt er ikke alt for sødt, så du kan eventuelt tilføje noget sødemiddel, hvis du foretrækker en sød kop te.

AT LAVE EN LONDON-TÅGE
- ☑ Placer din tebombe i et krus.
- ☑ Hæld 6 oz vand over toppen for at smelte bomben og begynde at gennembløde din te.
- ☑ Varm ¼ kop mælk og skum, hvis det ønskes.
- ☑ Du kan tilføje lidt sukker til den varme mælk, hvis du foretrækker sødere te.
- ☑ Hæld den varme mælk i for at fylde din kop.

32. **Sukkerfri tebomber**

Gør: 2

INGREDIENSER:
- 1 kop sukkerfrit sødemiddel efter eget valg
- 1/3 kop sukkerfri sirup
- 2 spsk vand
- frugtfarve
- løs te eller teposer efter eget valg
- halvmåneforme i silikone

INSTRUKTIONER:
- ☑ Til en mellemstor gryde, tilsæt sødemiddel, sirup og vand. Opvarm over medium-høj varme, indtil et sliktermometer når 300°F (ca. 5 minutter, når det koger).
- ☑ Fjern fra varmen. Tilføj madfarve, hvis du bruger.
- ☑ Arbejd hurtigt, tilsæt ca. 1-2 spsk i et hulrum i formen og ske op langs kanterne. Bliv ved med at skubbe væsken op, indtil den stivner. En børste fungerer også godt. Arbejd med 2 hulrum ad gangen. Gentag med de resterende forme.
- ☑ Når den er stivnet, skræl den væk fra formen. Til seks af halvmånerne skal du tilføje te eller en tepose.
- ☑ Varm en stegepande op over medium varme. Til de seks halvmåner uden te, smelt kanterne på panden. Placer derefter hurtigt oven på den anden halvdel med teen for at forsegle. Gentag med de resterende kugler.
- ☑ For at bruge skal du placere tebomben i en stor kop. Hæld langsomt varmt vand over tebomben og se den eksplodere ud af tebladene.

33. Farvede varme tebomber

Gør: 2

INGREDIENSER:
- Isomalt krystaller
- Gel madfarve
- Te efter eget valg
- Tørrede spiselige blomster, urter eller sukkerterninger
- 1 lille grydeske
- 1 stor hulrum semi-kugle silikoneform

INSTRUKTIONER:
- ☑ Placer isomaltkrystaller i en lille gryde over medium-høj varme.
- ☑ Lad krystallerne smelte. Om nødvendigt ryst panden for at lette smeltningen. RØR IKKE.
- ☑ Når alle krystaller er smeltet, arbejd hurtigt for at hælde blandingen i halvkugleforme. Vær meget omhyggelig med at undgå kontakt med huden. Det her bliver varmt.
- ☑ Tilføj et par dråber gel-madfarve i hver form.
- ☑ Rør med en lille ske for at blande med smeltede krystaller.
- ☑ Brug bagsiden af skeen til at fordele blandingen hurtigt, så den dækker hele overfladen af formen. Gør dette trin så hurtigt du kan, det vil ikke tage lang tid, før blandingen begynder at sætte sig op.
- ☑ Lad halvdelene sætte sig, før du fortsætter, cirka 30 minutter.
- ☑ Fjern den øverste halvdel af kuglen fra formen ved forsigtigt at skubbe den op fra bunden af formen. Lad den nederste halvdel ligge i formen indtil videre. Dette gør det nemmere at samle kloden.
- ☑ Placer te i den nederste halvdel af kloden i formen sammen med eventuelle spiselige blomster, sukkerterninger eller urter, du bruger. Efterlad eventuelt teposesnoren uden for formen.
- ☑ Stil en lille stegepande over lav varme. Dette vil blive brugt til at udglatte globuskanter og lette sammenføjningen af de to glober.
- ☑ Placer globustoppen på en varm stegepande i et par sekunder for at glatte og smelte kanten. Kom hurtigt sammen med den nederste globus, der stadig er i formen.
- ☑ Lad afkøling i 5-10 minutter. Efter et par minutter skulle du være i stand til at fjerne hele kuglen fra formen ved forsigtigt at trykke op på formen for at frigøre den nederste halvdel af kloden.
- ☑ Når du er klar, læg tebomben i et varmesikkert krus og hæld varmt vand over toppen. Rør rundt og nyd!

34. Urtetebomber

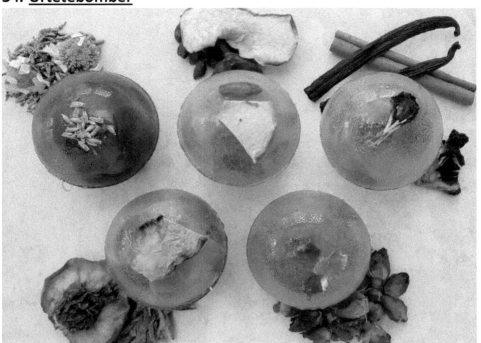

Gør: 2

INGREDIENSER:
- 1/3 kop isomalt krystaller
- Gel madfarve
- Urtete

INSTRUKTIONER:
- ☑ Placer isomaltkrystaller i en lille gryde over medium-høj varme.
- ☑ Lad krystallerne smelte. Om nødvendigt ryst panden for at lette smeltningen. RØR IKKE.
- ☑ Når alle krystaller er smeltet, arbejd hurtigt for at hælde blandingen i halvkugleforme. Vær meget omhyggelig med at undgå kontakt med huden. Dette vil være varmt og kan forårsage alvorlige forbrændinger.
- ☑ Tilføj et par dråber gel-madfarve i hver form.
- ☑ Rør med en lille ske for at blande med smeltede krystaller.
- ☑ Brug bagsiden af skeen til at fordele blandingen hurtigt, så den dækker hele overfladen af formen. Gør dette trin så hurtigt du kan, det vil ikke tage lang tid, før blandingen begynder at sætte sig op.
- ☑ Lad halvdelene sætte sig, før du fortsætter, cirka 30 minutter.
- ☑ Fjern den øverste halvdel af kuglen fra formen ved forsigtigt at skubbe den op fra bunden af formen. Lad den nederste halvdel ligge i formen indtil videre. Dette gør det nemmere at samle kloden.
- ☑ Placer te i den nederste halvdel af kloden i formen sammen med eventuelle spiselige blomster, sukkerterninger eller urter, du bruger. Efterlad eventuelt teposesnoren uden for formen.
- ☑ Stil en lille stegepande over lav varme. Dette vil blive brugt til at udglatte globuskanter og lette sammenføjningen af de to glober.
- ☑ Placer globustoppen på en varm stegepande i et par sekunder for at glatte og smelte kanten. Kom hurtigt sammen med den nederste globus, der stadig er i formen.
- ☑ Lad afkøling i 5-10 minutter. Efter et par minutter skulle du være i stand til at fjerne hele kuglen fra formen ved forsigtigt at trykke op på formen for at frigøre den nederste halvdel af kloden.
- ☑ Når du er klar, læg tebomben i et varmesikkert krus og hæld varmt vand over toppen. Rør rundt og nyd!

35. Cocktail brusebad

GØR: 10 bomber

INGREDIENSER:
- 1/2 kop citronsyre
- 1 kop sukker
- 15 ml Assorteret bitter
- 1 kop bagepulver
- 5 g akaciegummi
- Pinch Gold glans
- Vand

INSTRUKTIONER:
- ☑ Mål alle ingredienser op i en skål.
- ☑ Arbejd blandingen med hænderne, indtil den har en sandet tekstur.
- ☑ Lav blandingen til kugler og kom dem i en form for at sætte sig.
- ☑ Fjern formen, og opbevar derefter i køleskabet eller på bordet i en lufttæt beholder.

36. Kosmopolitiske brusende bomber

Gør: 10 bomber

INGREDIENSER:
- ½ kop ultrafint rent rørsukker
- ½ kop pulveriseret sukker
- 2 tsk bagepulver
- 2 teskefulde tranebær-hindbær flydende blandet vandforstærker
- 2 tsk spiselige blomster, groft hakkede
- 6 ounce orange mousserende vand
- ¾ ounce vodka med limesmag
- ¾ ounce vodka med tranebærsmag
- Spiselige blomster, til pynt

UDSTYR
- Lille skål
- Kantet bakke
- 10-ounce coupe cocktailglas

INSTRUKTIONER:
- ☑ Kombiner ultrafint sukker, pulveriseret sukker og bagepulver i en lille skål. Rør vandforstærkervæske i, indtil sukkeret ligner vådt sand.
- ☑ Rør hakket spiselig blomst i.
- ☑ Pres blandingen i 2 (1 tsk) afrundede måleskeer, efterlad lidt overskud øverst på skeerne. Vend den ene ske oven på den anden.
- ☑ Pres skeerne sammen og ryst let.
- ☑ Fjern den ene ske og vend bomben ind i din hånd.
- ☑ Fjern den resterende ske og læg bomben på en bakke. Gentag med den resterende blanding.
- ☑ Lad tørre i 4 timer før servering.
- ☑ Opbevares tildækket ved stuetemperatur i op til 2 dage.
- ☑ For at servere skal du kombinere orange mousserende vand, vodka med limesmag og vodka med tranebærsmag i et 10 ounce coupe cocktailglas.
- ☑ Tilføj en tørret bombe; rør for at blande godt.

37. Tequila Sunrise brusende bomber

Gør: 10 bomber

INGREDIENSER:
- ½ kop ultrafint rent rørsukker
- ½ kop pulveriseret sukker
- 2 tsk bagepulver
- 2 tsk grenadinesirup
- 2 tsk Over the Top rosenrødt slibesukker
- 3 ounces 100% appelsinjuice
- 3 ounces club sodavand
- 1½ ounce guld tequila
- Appelsinskiver, til pynt

UDSTYR
- Lille skål
- 2 (1 tsk) mål
- Kantet bakke
- 10 ounce cocktailglas

INSTRUKTIONER:
- ☑ Kombiner ultrafint sukker, pulveriseret sukker og bagepulver i en lille skål.
- ☑ Rør grenadine i, indtil sukkeret ligner vådt sand. Rør rødt slibesukker i.
- ☑ Pres blandingen ud i 2 afrundede måleskeer, efterlad lidt overskud øverst på skeerne.
- ☑ Vend den ene ske oven på den anden.
- ☑ Pres skeerne sammen og ryst let.
- ☑ Fjern den ene ske og vend bomben ind i din hånd.
- ☑ Fjern den resterende ske og læg bomben på en bakke.
- ☑ Lad tørre i 4 timer før servering.
- ☑ Opbevares tildækket ved stuetemperatur i op til 2 dage.
- ☑ For at servere skal du kombinere appelsinjuice, club sodavand og tequila i et 10-ounce cocktailglas.
- ☑ Tilføj en tørret bombe; rør for at blande godt.

38. Jordbær Mimosa

GØR: 10 bomber

INGREDIENSER:
- 6 ounce appelsinjuice
- 6 ounces jordbærsirup
- 1/2 kop citronsyre
- Vand
- 5 g akaciegummi
- 1 kop bagepulver
- 1 kop sukker

INSTRUKTIONER:
- ☑ Mål alle ingredienser op i en skål.
- ☑ Arbejd blandingen med hænderne, indtil den har en sandet tekstur.
- ☑ Form blandingen til kugler og læg den i en form.
- ☑ Fjern formen, og opbevar derefter i køleskabet eller på bordet i en lufttæt beholder.

39. Blodig Mary

GØR: 10 bomber

INGREDIENSER:
TØRRE INGREDIENSER
- 1 tsk kværnet sort peber
- 5 g akaciegummi
- 1/2 kop citronsyre
- 1 tsk sellerisalt
- 1 kop bagepulver
- 1 kop sukker

VÅDE INGREDIENSER
- 4 ounce tomatjuice eller V-8 juice
- 4 ounce citronsaft
- 4 ounce Worcestershire sauce
- Tabasco sauce efter smag
- Vand

INSTRUKTIONER:
- ☑ Mål de tørre ingredienser i en skål.
- ☑ Bland våde ingredienser i med hænderne, indtil blandingen er blevet til en sandkonsistens.
- ☑ Form blandingen til kugler og læg den i en form.
- ☑ Fjern formen, og opbevar derefter i køleskabet eller på bordet i en lufttæt beholder.

40. Margarita magiske bombe

GØR: 8 bomber

INGREDIENSER:
- Vand af god kvalitet
- 1/2 kop citronsyre
- 1/8 tsk salt
- Skal fra en halv lime
- 1 kop limesaft
- 1 kop bagepulver
- 1 kop granuleret sukker
- 5 g akaciegummi

INSTRUKTIONER:
- ☑ Mål alle ingredienser op i en skål.
- ☑ Arbejd blandingen med hænderne, indtil den har en sandet tekstur.
- ☑ Form blandingen til kugler og læg den i en form.
- ☑ Server med 1/2 kop Cointreau eller appelsinjuice og -skal

41. Kokos Mojito

GØR: 20 bomber

INGREDIENSER:
- 6 ounces myntesirup
- 8 ounce limejuice
- 1 kop bagepulver
- 1 kop sukker
- 1/2 kop citronsyre
- 5 g akaciegummi
- Vand

INSTRUKTIONER:
- ☑ Mål alle ingredienser op i en skål.
- ☑ Arbejd blandingen med hænderne, indtil den har en sandet tekstur.
- ☑ Form blandingen til kugler og læg den i en form.
- ☑ Fjern formen, og opbevar derefter i køleskabet eller på bordet i en lufttæt beholder.

42. Piña Colada bombe

GØR: 10 bomber

INGREDIENSER:
- 1 fløde kokos
- ¾ kop ananasjuice
- 3 spsk limesaft
- 1/2 kop citronsyre
- 1 kop sukker
- 5 g akaciegummi
- 1/4 Bagepulver
- Vand

INSTRUKTIONER:
- ☑ Mål alle ingredienser op i en skål.
- ☑ Arbejd blandingen med hænderne, indtil den har en sandet tekstur.
- ☑ Form blandingen til kugler og læg den i en form.

43. Ananas Guava

GØR: 10 bomber

INGREDIENSER:
- 4 ounces Guava Juice
- 4 ounce kokosnød LaCroix
- 4 ounces ananasjuice
- Saft fra 2 limefrugter
- 1/2 kop citronsyre
- 1 kop bagepulver
- 1 kop sukker
- 5 g akaciegummi
- Vand

INSTRUKTIONER:
- ☑ Mål alle ingredienser op i en skål.
- ☑ Arbejd blandingen med hænderne, indtil den har en sandet tekstur.
- ☑ Form blandingen til kugler og læg den i en form.
- ☑ Server med 3 ounce kokosvodka.

44. Blødende krydret ølbombe

GØR: 4 bomber

INGREDIENSER:
- 1 1/2 tsk røget paprika
- 1 tsk Worcestershire Sauce
- 3 spsk chilipulver
- 1/2 tsk Mesquite Lime Havsalt
- 2 tsk citronsyre, fødevaregodkendt
- 1 tsk varm sauce

INSTRUKTIONER:
- ☑ Bland paprika, chilipulver, lime havsalt og citronsyre i en blandeskål.
- ☑ Tilsæt et stænk eller to af Worcestershire sauce og varm sauce, og bland derefter for at kombinere.
- ☑ I en silikoneform placeres 1 1/2 spsk til 2 spsk af blandingen. Tryk hårdt ned.
- ☑ Frys ølblødebomberne tildækket i 4-6 timer.
- ☑ Server med et glas øl.

45. Bellini Blush

GØR: 10 bomber

INGREDIENSER:
- 5 ounce ferskenpuré
- 1/2 kop citronsyre
- 5 ounce simpel sirup
- Vand
- 1 kop bagepulver
- 1 kop sukker
- 5 g akaciegummi

INSTRUKTIONER:
- ☑ Mål alle ingredienser op i en skål.
- ☑ Arbejd blandingen med hænderne, indtil den har en sandet tekstur.
- ☑ Form blandingen til kugler og læg den i en form.

46. Lavendel frodig bombe

GØR: 10 bomber

INGREDIENSER:
TIL INGEFFER OG LAVENDELSIRUP:
- 1 kop hvidt sukker
- ½ kop vand
- 4 ounce frisk ingefær, skrubbet ren
- 2 teskefulde tørret spiselig lavendel, knust

TIL LAVENDEL FRUKTIGT BOMBE:
- 1 kop bagepulver
- 1 kop sukker
- 1/2 kop citronsyre
- 5 g akaciegummi

VEJLEDNING
TIL INGEFFER OG LAVENDELSIRUP:
- ☑ Kom ingredienserne til ingefær og lavendelsirup i en lille gryde og bring det i kog.
- ☑ Lad det simre i 10 minutter.
- ☑ Sigt og kassér ingefærmassen.

TIL LAVENDEL FRUKTIGT BOMBE:
- ☑ Bland sukker, citronsyre og bagepulver i en skål.
- ☑ Tilsæt akaciegummi og lavendelsirup.
- ☑ Arbejd blandingen med hænderne, indtil den har en sandet tekstur.
- ☑ Form blandingen til kugler og læg den i en form.
- ☑ Server bomben i afkølet vodka, iste eller vand.

47. Tømmermænds kulbombe

GØR: 10 bomber

INGREDIENSER:
- 6 ounce frisk appelsinjuice
- 1/4 kop ahornsirup
- 6 ounce frisk citronsaft
- Vand
- 1 tsk Friskrevet ingefær
- 1 tsk aktivt kul
- 1/2 kop citronsyre
- 1 kop bagepulver
- 1 kop sukker
- 5 g akaciegummi

INSTRUKTIONER:
- ☑ Arbejd det hele sammen med hænderne, indtil blandingen er blevet til en sandkonsistens.
- ☑ Form blandingen til kugler og læg den i en form.

48. **Limoncello Fizzer**

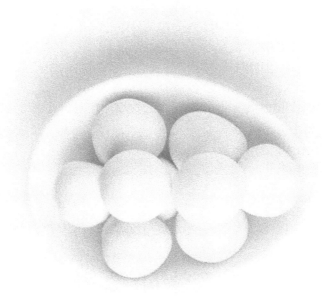

GØR: 10 bomber

INGREDIENSER:
- 8 ounces friskpresset citronsaft
- 6 ounce oleo Saccharum (sukker-olie blanding)
- 1/2 kop citronsyre
- 1 kop bagepulver
- 1 kop sukker
- 5 g akaciegummi
- Vand

INSTRUKTIONER:
- ☑ Mål alle ingredienser op i en skål.
- ☑ Brug nok vand til at kombinere med dine hænder, indtil blandingen ligner sand.
- ☑ Form blandingen til kugler og læg den i en form.
- ☑ Dette passer godt med gin eller vodka.

49. <u>Gammeldags</u>

GØR: 10 bomber

INGREDIENSER:
- 2 ounce byg te
- 1/2 kop vand
- 1/2 kop citronsyre
- Saft af 1 appelsin
- 10 ounce Angostura bitters
- 1 kop bagepulver
- 1 kop sukker
- 5 g akaciegummi
- Pinch Gold glans

VEJLEDNING
TIL TE:
- ☑ Hæld vandet i en kande.
- ☑ Tilsæt teposen.
- ☑ Stil den på køl i 2 timer og kassér derefter teposen.

TIL BOMBEN:
- ☑ Bland de tørre ingredienser i en skål; Citronsyre, bagepulver, sukker, akaciegummi og guldglans.
- ☑ Tilsæt bitter, appelsinjuice og te, og bearbejd derefter blandingen med dine hænder, indtil den ligner sand.
- ☑ Form blandingen til kugler og læg den i en form.

50. **Bubblegum bombe**

GØR: 10 bomber

INGREDIENSER:
- Til Bubblegum Sirup:
- 2 kopper vand
- 1 kop granuleret sukker
- 12 stykker tyggegummi

TIL BOMBEN:
- 1/2 kop citronsyre
- 5 g akaciegummi
- 1 kop bagepulver

VEJLEDNING
TIL BOBLEGUM SIRUPPEN:
- ☑ Kombiner sukker og vand i en mellemstor gryde og bring det i kog.
- ☑ Skru ned for varmen, og rør tyggegummien i.
- ☑ Lad det simre i 10 minutter eller indtil det begynder at tykne.
- ☑ Fjern fra varmen og si siruppen. Sæt på køl for at køle helt af.

TIL Bubblebomben:
- ☑ Bland de tørre ingredienser i en skål; Citronsyre, bagepulver og akaciegummi.
- ☑ Tilsæt Bubblegum Sirup og bearbejd blandingen med dine hænder.
- ☑ Form blandingen til kugler og læg den i en form.

51. Fødselsdagskage

GØR: 10 bomber

INGREDIENSER:
- 16 ounce vaniljecreme sodavand
- Vand
- 1/2 kop citronsyre
- ¼ kopper pulverkaffeflødekande
- 1 kop pulveriseret sukker
- 1 kop bagepulver
- 5 g akaciegummi
- Pink madfarve
- Flødeskum og drys til pynt

INSTRUKTIONER:
- ☑ Afmål alle ingredienser, undtagen flødeskum og drys, i en skål.
- ☑ Arbejd blandingen med hænderne, indtil den har en sandet tekstur.
- ☑ Form blandingen til kugler og læg den i en form.
- ☑ Pynt med flødeskum og drys.

52. Bees knæ

GØR: 10 bomber

INGREDIENSER:
- 8 ounces citronsaft, friskpresset
- 1/2 kop citronsyre
- 4 ounce honning
- 1 kop bagepulver
- 1 kop sukker
- 5 g akaciegummi
- Vand

INSTRUKTIONER:
- ☑ Mål alle ingredienser op i en skål.
- ☑ Arbejd blandingen med hænderne, indtil den har en sandet tekstur.
- ☑ Form blandingen til kugler og læg den i en form.

53. Berry Smash

GØR: 10 bomber

INGREDIENSER:
- 4 ounces friskpresset limejuice
- 4 ounce simpel stevia sirup
- 1/2 kop citronsyre
- 4 ounce hindbærsirup
- 4 ounces Blackberry sirup
- 1 kop sukker
- 1 kop bagepulver
- 5 g akaciegummi
- Vand

INSTRUKTIONER:
- ☑ Mål alle ingredienser op i en skål.
- ☑ Arbejd blandingen med hænderne, indtil den har en sandet tekstur.
- ☑ Form blandingen til kugler og læg den i en form.
- ☑ Server med gin.

54. Jordbær basilikum Mojito

GØR: 10 bomber

INGREDIENSER:
- Saft af 1 lime
- 4 ounces myntesirup
- 1/2 kop citronsyre
- 4 ounce basilikumsirup
- 4 ounces jordbærsirup
- 1/4 kop stevia simpel sirup
- 1 kop sukker
- 1 kop bagepulver
- 5 g akaciegummi
- Vand

INSTRUKTIONER:
- ☑ Mål alle ingredienser op i en skål.
- ☑ Arbejd blandingen med hænderne, indtil den har en sandet tekstur.
- ☑ Form blandingen til kugler og læg den i en form.
- ☑ Server med rom.

55. Grapefrugt Crush

GØR: 10 bomber

INGREDIENSER:
- 6 ounces friskpresset limejuice
- 5 g akaciegummi
- Vand
- 3 ounce simpel stevia sirup
- 1 kop sukker
- 1/2 kop citronsyre
- 6 ounces friskpresset grapefrugtjuice
- 1 kop bagepulver

INSTRUKTIONER:
- ☑ Mål alle ingredienser op i en skål.
- ☑ Arbejd blandingen med hænderne, indtil den har en sandet tekstur.
- ☑ Form blandingen til kugler og læg den i en form.
- ☑ Server med tequila.

56. Peaches n' Cream Bombs

GØR: 6 bomber

INGREDIENSER:
FERSKENSKALLER
- 1/2 kop rødt slik smelter, smeltet
- 2 kopper tung fløde
- 1 tsk vanilje
- 1/2 kop pink slik smelter, smeltet
- 2 kopper gult slik smelter, smeltet
- Flødeskum
- 1/2 kop orange slik smelter, smeltet
- 1 kop pulveriseret sukker

FYLDNING
- 2 spsk smør
- 3 kopper ferskner, skåret i skiver
- 1 vaniljestang
- 1 pund chokoladekage, skåret i skiver

VEJLEDNING
FERSKENSKALLER:
- ☑ Brug røde, orange og lyserøde candy melts til at børste og prikke siderne af 2-tommer runde silikoneforme.
- ☑ Efter at have tilladt i to minutters indstilling, tilsæt de gule sliksmelter for at danne en skal.
- ☑ Lad blandingen stivne delvist, inden du vender formene og hælder det ekstra ud.
- ☑ Stil i køleskabet i cirka 10 minutter.

FLØDESKUM:
- ☑ Begynd at blande den tunge fløde og sukker i skålen med en røremaskine.
- ☑ Pisk indtil faste toppe vises.
- ☑ Bland med vanilje.

FYLDNING
- ☑ Sauter ferskerne og vaniljestangen i smør i en stegepande ved middel varme, indtil de begynder at blive bløde.

- ☑ Lad det køle af og hæld derefter noget ferskenfyld i chokoladeskallerne, fyld dem to tredjedele af vejen med flødeskum, og tilføj derefter en chokoladepuds kage "pit" på toppen.
- ☑ Lad stå i 15 minutter for at sætte sig i fryseren.
- ☑ Tag formen fra hinanden.
- ☑ Fastgør de to dele ved at trykke dem sammen efter at have ført en lyserød candy melt ring rundt om ydersiden.
- ☑ Sæt i 15 minutter.

57. Blåbærbomber

GØR: 6 bomber

INGREDIENSER:
BLÅBÆR GELEE:
- 1/4 kop vand
- 1 1/2 dl blåbær
- 1/4-ounce pakke pulveriseret gelatine
- 1 spsk honning
- 2 spsk sukker
- 2 tsk frisk citronsaft

BLÅBÆRSKAL
- 3 kopper blå chokoladevafler, smeltet

FLØDESKUM
- 2 kopper tung fløde
- 1 kop pulveriseret sukker
- 1 tsk vanilje

VEJLEDNING
BLÅBÆR GELEE:
- ☑ Drys gelatinepulveret over vandet, og lad det derefter stå i fem minutter.
- ☑ Ved middel varme bringes blåbær, honning, sukker og citronsaft i kog i en gryde.
- ☑ Lad det simre indtil sukkeret er opløst.
- ☑ Tilsæt gelatinevandet og pisk i cirka 3 minutter, eller indtil det er opløst.
- ☑ Lad det køle lidt af, inden du hælder det i halvkugleforme af silikone.
- ☑ Afkøl i 1 time.

BLÅBÆRSKAL:
- ☑ Fyld bunden og siderne af to-tommers silikoneforme med blå chokoladevafler.
- ☑ Lad det sidde lidt, og vend derefter formene på hovedet for at hælde det ekstra ud.
- ☑ Stil i køleskabet i cirka 10 minutter.

FLØDESKUM:
- ☑ Bland sukker og tung fløde.
- ☑ Vend vaniljen i efter piskning af fløden, indtil der dannes stive toppe.
- ☑ Læg en lille omgang blåbærgelee oven på flødeskummet efter at have fyldt chokoladeskallerne to tredjedele af vejen.
- ☑ Stil i fryseren i en time.
- ☑ Tag formen fra hinanden.
- ☑ Sæt de to dele fast ved at trykke dem sammen efter at have sat en ring af blå chokolade rundt om ydersiden.
- ☑ Tryk let på den midterste top af blåbæret for at danne toppen af blåbæret ved at dyppe en lille blomsterformet kageudstikker i noget smeltet blå chokolade.
- ☑ Hvil ved stuetemperatur i 15 minutter.

58. Agurk Mint Twist

GØR: 10 bomber

INGREDIENSER:
- 1/4 kop friskpresset citronsaft
- 1/2 ounce stevia simpel sirup
- Agurkesirup
- mynte sirup
- 1 kop sukker
- 1/2 kop citronsyre
- 1 kop bagepulver
- 5 g akaciegummi
- Vand

INSTRUKTIONER:
- ☑ Mål alle ingredienser op i en skål.
- ☑ Arbejd blandingen med hænderne, indtil den har en sandet tekstur.
- ☑ Form blandingen til kugler og læg den i en form.
- ☑ Server med gin.

59. Candy Candy Glitter Bombs

GØR: 1 bombe

INGREDIENSER:
- Candyfloss
- Spiselig glitter eller glansstøv

INSTRUKTIONER:
- ☑ Tag en håndfuld candy, og form en fordybning i midten.
- ☑ Drys lidt glansstøv i midten.
- ☑ Rul candyen til en kugle, og forsegl glansstøvet i midten.
- ☑ Når den er klar til brug, skal du placere den i et glas og toppe den med din foretrukne kulsyreholdige drik, mens du ser den opløses.
- ☑ Rør det op og nyd.

60. Koolaid bomber

GØR: 20 bomber

INGREDIENSER:
- 1/3 kop bagepulver
- 1/4 kopper majsstivelse
- 1/2 kop pulveriseret sukker
- 1/4 kop citronsyre
- 1-2 pakker Kool-Aid
- 1-2 pakker pop rocks
- vand
- drysser

INSTRUKTIONER:
- ☑ Kombiner bagepulver, majsstivelse, pulveriseret sukker, citronsyre og Kool-Aid i en røreskål.
- ☑ Brug dine hænder, bland vandet i og tør ingredienserne, indtil blandingen ligner sand.
- ☑ Smid et par pakker pop rocks og drys i.
- ☑ Rul blandingen til kugler og læg dem i en form.

61. Karamel æblociderbomber

GØR: 3 bomber

INGREDIENSER:
- Saltet karamel slik smelter, smeltet
- En pakke æblecider-drinkblanding

UDSTYR:
- XL halvkugle silikoneform

INSTRUKTIONER:
- ☑ Fyld silikoneformene halvt med smeltet chokolade.
- ☑ Stil dem på køl eller frys i 10-15 minutter, eller indtil de er nemme at fjerne.
- ☑ Fjern forsigtigt chokoladen fra formen.
- ☑ Tilføj æbleciderdrinkblanding til den ene chokoladehalvdel.
- ☑ Opvarm en tallerken i mikroovnen i omkring 15 sekunder.
- ☑ Tag den anden chokoladehalvdel, del den i to, og sæt den åbne ende på den varme plade i et par sekunder for at smelte chokoladen.
- ☑ Forbind de to halvdele af chokoladerne og forsegl dem sammen.
- ☑ Dryp smeltet chokolade over toppen og stil til side til tørre.
- ☑ Placer æbleciderbomben i bunden af et krus og top den med 6 ounce kogende vand.
- ☑ Rør grundigt.

62. Candy floss bombe

GØR: 10 bomber

INGREDIENSER:
- 800 g sukker
- 240 ml majssirup
- 240 ml vand
- ¼ tsk salt
- 1 tsk hindbærekstrakt
- 2 dråber madfarve
- Glans Støv

INSTRUKTIONER:
- ☑ Bland sukker, majssirup, vand og salt i en stor, tung gryde ved middel varme.
- ☑ Rør sukkeret til det smelter.
- ☑ Overfør væsken til en varmebestandig beholder.
- ☑ Rør godt efter tilsætning af ekstrakt og madfarve.
- ☑ Sving piskeriset frem og tilbage, mens du holder det over pergamentet, så små sukkertråde falder ned på papiret. Lad det køle af.
- ☑ Tag en flok candy floss og drys lidt glansstøv i midten.
- ☑ Form en kugle af slik, og tryk glansstøvet ind i midten.

63. Azalea bombe

GØR: 10 bomber

INGREDIENSER:
- 3/4 ounce limesaft
- 3/4 ounce ananasjuice
- 4 streger grenadine
- 1/2 kop citronsyre
- 1 kop bagepulver
- 5 g akaciegummi
- Vand

INSTRUKTIONER:
- ☑ Mål alle ingredienser op i en skål.
- ☑ Arbejd blandingen med hænderne, indtil den har en sandet tekstur.
- ☑ Form blandingen til kugler og læg den i en form.

64. Mango batida bombe

GØR: 10 bomber

INGREDIENSER:
- 1/4 kop appelsinjuice
- 2 1/4 ounce mangojuice
- 1/2 kop citronsyre
- 1 kop bagepulver
- 1 kop sukker
- 5 g akaciegummi
- Pinch Gold glans
- Vand

INSTRUKTIONER:
- ☑ Mål alle ingredienser op i en skål.
- ☑ Arbejd blandingen med hænderne, indtil den har en sandet tekstur.
- ☑ Form blandingen til kugler og læg dem i en form for at sætte sig.
- ☑ Fjern formen, og opbevar derefter i køleskabet eller på bordet i en lufttæt beholder.

65. Frostet tranebærbombe

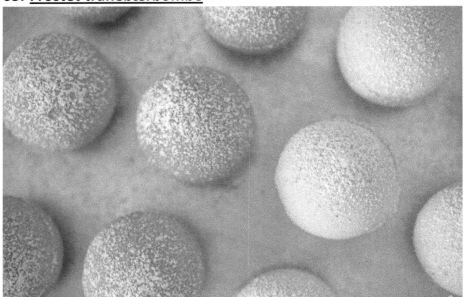

GØR: 10 bomber

INGREDIENSER:
- 3/4 kop tranebærjuice
- Sukkerede tranebær, forvirrede
- Vand
- 1/2 kop citronsyre
- 1 kop bagepulver
- 1 kop sukker
- 5 g akaciegummi
- Pinch Gold glans

INSTRUKTIONER:
- ☑ Mål alle ingredienser op i en skål.
- ☑ Arbejd blandingen med hænderne, indtil den har en sandet tekstur.
- ☑ Form blandingen til kugler og læg dem i en form for at sætte sig.
- ☑ Fjern formen, og opbevar derefter i køleskabet eller på bordet i en lufttæt beholder.

66. Blå hindbærbombe

GØR: 10 bomber

INGREDIENSER:
- 2 ounce limonadepulver
- Vand
- 2 ounce hindbærsirup
- 1/2 kop citronsyre
- 1 kop bagepulver
- 1 kop sukker
- 5 g akaciegummi
- Pinch Gold glans

INSTRUKTIONER:
- ☑ I en stor punch-skål røres limonadepulver og vand sammen, indtil limonadepulveret er opløst. Tilsæt de øvrige ingredienser.
- ☑ Arbejd blandingen med hænderne, indtil den har en sandet tekstur.
- ☑ Lav blandingen til kugler og kom dem i en form for at sætte sig.
- ☑ Fjern formen, og opbevar derefter i køleskabet eller på bordet i en lufttæt beholder.

67. Hindbær appelsin bombe

GØR: 10 bomber

INGREDIENSER:
- 1/4 kop hindbærsirup
- Saft af 1 lime
- Saft af 1 medium appelsin
- 1/2 kop citronsyre
- 1 kop bagepulver
- Vand
- 1 kop sukker
- 5 g akaciegummi

INSTRUKTIONER:
- ☑ Mål alle ingredienser op i en skål.
- ☑ Arbejd blandingen med hænderne, indtil den har en sandet tekstur.
- ☑ Form blandingen til kugler og læg dem i en form for at sætte sig.
- ☑ Fjern formen, og opbevar derefter i køleskabet eller på bordet i en lufttæt beholder.

68. Citrondråbebombe

GØR: 10 bomber

INGREDIENSER:
TIL CITRONSUKKERET
- Skal fra 1 citron
- 1/2 kop granuleret sukker

TIL BOMBEN
- 1 ½ spsk simpel sirup
- Vand
- 1 kop bagepulver
- Saft fra 1/2 stor citron
- 1 kop sukker
- 1/2 kop citronsyre
- 5 g akaciegummi

INSTRUKTIONER:
- ☑ Tilsæt sukker på en tallerken, og brug fingrene til at gnide skallen ind i sukkeret, indtil det er duftende og gult.
- ☑ Tilsæt alle ingredienser til en skål.
- ☑ Arbejd blandingen med hænderne, indtil den har en sandet tekstur.
- ☑ Form blandingen til kugler og læg dem i en form for at sætte sig.
- ☑ Fjern formen, og opbevar derefter i køleskabet eller på bordet i en lufttæt beholder.

69. Cosmo bombe

GØR: 10 bomber

INGREDIENSER:
- 10 ml Tranebærjuice med reduceret sukker
- 1/2 kop citronsyre
- 5 ml appelsinjuice
- Vand
- 5 ml friskpresset limesaft
- 1 kop bagepulver
- 1 kop sukker
- 5 g akaciegummi

INSTRUKTIONER:
- ☑ Mål alle ingredienser op i en skål.
- ☑ Arbejd blandingen med hænderne, indtil den har en sandet tekstur.
- ☑ Form blandingen til kugler og læg dem i en form for at sætte sig.
- ☑ Fjern formen, og opbevar derefter i køleskabet eller på bordet i en lufttæt beholder.

70. **Peacharita bombe**

GØR: 10 bomber

INGREDIENSER:
- ½ ounce agavesirup
- 1-2 ounce frisk ferskenpuré
- Vand
- 1 kop bagepulver
- ¾ ounce friskpresset limejuice
- 5 g akaciegummi
- 1/2 kop citronsyre
- 1 kop sukker

INSTRUKTIONER:
- ☑ Mål alle ingredienser op i en skål.
- ☑ Arbejd blandingen med hænderne, indtil den har en sandet tekstur.
- ☑ Form blandingen til kugler og læg dem i en form for at sætte sig.
- ☑ Fjern formen, og opbevar derefter i køleskabet eller på bordet i en lufttæt beholder.

71. Passion orkan bombe

GØR: 10 bomber

INGREDIENSER:
- 2 kopper passionsfrugtjuice
- Vand
- 3/4 kop limesaft
- 3 spiseskefulde grenadine
- 1/2 kop citronsyre
- 1 kop plus 2 spiseskefulde sukker
- 1 kop bagepulver
- 5 g akaciegummi

INSTRUKTIONER:
- ☑ Mål alle ingredienser op i en skål.
- ☑ Arbejd blandingen med hænderne, indtil den har en sandet tekstur.
- ☑ Form blandingen til kugler og læg dem i en form for at sætte sig.
- ☑ Fjern formen, og opbevar derefter i køleskabet eller på bordet i en lufttæt beholder.

72. Michelada bombe

GØR: 10 bomber

INGREDIENSER:
- 6 skvæt varm sauce
- 3 skvæt sojasovs
- 1-3 skvæt Worcestershire sauce
- ¼-⅓ kop limesaft
- 1/2 kop citronsyre
- 1 kop bagepulver
- 1 kop sukker
- 5 g akaciegummi

INSTRUKTIONER:
- ☑ Mål alle ingredienser op i en skål.
- ☑ Arbejd blandingen med hænderne, indtil den har en sandet tekstur.
- ☑ Form blandingen til kugler og læg dem i en form for at sætte sig.
- ☑ Fjern formen, og opbevar derefter i køleskabet eller på bordet i en lufttæt beholder.

73. **Zombie cocktail bombe**

GØR: 10 bomber

INGREDIENSER:
- 1/2 kop citronsyre
- 2 ounce papayajuice
- 2 ounce limesaft
- Vand
- 2 ounces ananasjuice
- 1 kop bagepulver
- 1 kop superfint sukker
- 5 g akaciegummi

INSTRUKTIONER:
- ☑ Mål alle ingredienser op i en skål.
- ☑ Arbejd blandingen med hænderne, indtil den har en sandet tekstur.
- ☑ Form blandingen til kugler og læg dem i en form for at sætte sig.
- ☑ Fjern formen, og opbevar derefter i køleskabet eller på bordet i en lufttæt beholder.

74. Sazerac bombe

GØR: 10 bomber

INGREDIENSER:
- 2 skvæt Angostura bitters
- 3 streger af Peychauds bitter
- 1/2 kop citronsyre
- 5 g akaciegummi
- 1 kop bagepulver
- Vand
- 1 kop superfint sukker

INSTRUKTIONER:
- ☑ Mål alle ingredienser op i en skål.
- ☑ Arbejd blandingen med hænderne, indtil den har en sandet tekstur.
- ☑ Form blandingen til kugler og læg dem i en form for at sætte sig.
- ☑ Fjern formen, og opbevar derefter i køleskabet eller på bordet i en lufttæt beholder.

75. Mango Mule

GØR: 10 bomber

INGREDIENSER:
- 6 ounces agurkesirup
- 4 ounce honningsirup
- 1,5 ounce mangopuré
- 1,5 ounce frisk limejuice
- Vand
- 1/2 kop citronsyre
- 1 kop bagepulver
- 1 kop superfint sukker
- 5 g akaciegummi

INSTRUKTIONER:
- ☑ Bland agurk og honningsirup.
- ☑ Tilsæt mangopuré og limesaft og bland kraftigt.
- ☑ Tilsæt alle andre ingredienser.
- ☑ Arbejd blandingen med hænderne, indtil den har en sandet tekstur.
- ☑ Form blandingen til kugler og læg dem i en form for at sætte sig.
- ☑ Fjern formen, og opbevar derefter i køleskabet eller på bordet i en lufttæt beholder.

76. Citrus Fizz

GØR: 10 bomber

INGREDIENSER:
- 1,75 ounce Seedlip Grove 42
- 0,75 ounces økologisk marmelade hjertelig
- Vand
- 1/2 kop citronsyre
- 1 kop bagepulver
- 1 kop superfint sukker
- 5 g akaciegummi

INSTRUKTIONER:
- ☑ Mål alle ingredienser op i en skål.
- ☑ Arbejd blandingen med hænderne, indtil den har en sandet tekstur.
- ☑ Form blandingen til kugler og læg dem i en form for at sætte sig.
- ☑ Fjern formen, og opbevar derefter i køleskabet eller på bordet i en lufttæt beholder.

77. Jomfru agurkbombe

GØR: 10 bomber

INGREDIENSER:
- 4 ounces agurkesirup
- 1 kop bagepulver
- 4 ounce simpel sirup
- 1/2 kop citronsyre
- 1 kop superfint sukker
- 4 ounces frisk limejuice
- Vand
- 5 g akaciegummi

INSTRUKTIONER:
- ☑ Mål alle ingredienser op i en skål.
- ☑ Arbejd blandingen med hænderne, indtil den har en sandet tekstur.
- ☑ Form blandingen til kugler og læg dem i en form for at sætte sig.
- ☑ Fjern formen, og opbevar derefter i køleskabet eller på bordet i en lufttæt beholder.

78. Rituel æblebombe

GØR: 10 bomber

INGREDIENSER:
- 2 ounces æblecider eller æblejuice
- 1/2 kop citronsyre
- 2 streger bitter
- Vand
- Knib kanel pulver
- 1 kop bagepulver
- 1 kop superfint sukker
- 5 g akaciegummi

INSTRUKTIONER:
- ☑ Mål alle ingredienser op i en skål.
- ☑ Arbejd blandingen med hænderne, indtil den har en sandet tekstur.
- ☑ Form blandingen til kugler og læg dem i en form for at sætte sig.
- ☑ Fjern formen, og opbevar derefter i køleskabet eller på bordet i en lufttæt beholder.

79. Shirley Ginger

GØR: 10 bomber

INGREDIENSER:
- 0,25 kop grenadine
- Vand
- 3 spsk limesaft
- 1 kop bagepulver
- 3 spiseskefulde ingefærsirup
- 5 g akaciegummi
- 1/2 kop citronsyre
- 1 kop superfint sukker

INSTRUKTIONER:
- ☑ Mål alle ingredienser op i en skål.
- ☑ Arbejd blandingen med hænderne, indtil den har en sandet tekstur.
- ☑ Form blandingen til kugler og læg dem i en form for at sætte sig.
- ☑ Fjern formen, og opbevar derefter i køleskabet eller på bordet i en lufttæt beholder.
- ☑ Nyd med et glas Lemon Lime Ginger Beer.

80. Vandmelon Margarita

GØR: 10 bomber

INGREDIENSER:
- 0,5 kop vandmelonjuice
- 0,5 dl frisk limesaft
- 4 tsk agave
- Vand
- 1/2 kop citronsyre
- 1 kop bagepulver
- 1 kop superfint sukker
- 5 g akaciegummi

INSTRUKTIONER:
- ☑ Mål alle ingredienser op i en skål.
- ☑ Arbejd blandingen med hænderne, indtil den har en sandet tekstur.
- ☑ Form blandingen til kugler og læg dem i en form for at sætte sig.
- ☑ Fjern formen, og opbevar derefter i køleskabet eller på bordet i en lufttæt beholder.

81. Berry Burlesque

GØR: 10 bomber

INGREDIENSER:
- 4 ounce limesaft
- 4 ounce honningsirup
- 4 ounces myntesirup
- 2 ounce solbærpuré
- Vand
- 1/2 kop citronsyre
- 1 kop bagepulver
- 1 kop superfint sukker
- 5 g akaciegummi

INSTRUKTIONER:
- ☑ Mål alle ingredienser op i en skål.
- ☑ Arbejd blandingen med hænderne, indtil den har en sandet tekstur.
- ☑ Form blandingen til kugler og læg dem i en form for at sætte sig.
- ☑ Fjern formen, og opbevar derefter i køleskabet eller på bordet i en lufttæt beholder.
- ☑ Nyd Ginger Beer

.

82. Lavendel limonade

GØR: 10 bomber

INGREDIENSER:
- 6 kopper vand
- 0,5 kop honning
- 5 spiseskefulde tørret lavendel
- 1 kop frisk citronsaft, siet
- 1/2 kop citronsyre
- 1 kop bagepulver
- 1 kop superfint sukker
- 5 g akaciegummi

INSTRUKTIONER:
- ☑ Mål alle ingredienser op i en skål.
- ☑ Arbejd blandingen med hænderne, indtil den har en sandet tekstur.
- ☑ Form blandingen til kugler og læg dem i en form for at sætte sig.
- ☑ Fjern formen, og opbevar derefter i køleskabet eller på bordet i en lufttæt beholder.

83. Rosemary Blueberry Smash

GØR: 10 bomber

INGREDIENSER:
- 6 ounce blåbærsirup
- 4 ounce honningsirup
- 4 ounce frisk citronsaft, sigtet
- Vand
- Knib tørret rosmarin
- 1/2 kop citronsyre
- 1 kop bagepulver
- 1 kop superfint sukker
- 5 g akaciegummi

INSTRUKTIONER:
- ☑ Mål alle ingredienser op i en skål.
- ☑ Arbejd blandingen med hænderne, indtil den har en sandet tekstur.
- ☑ Form blandingen til kugler og læg dem i en form for at sætte sig.
- ☑ Fjern formen, og opbevar derefter i køleskabet eller på bordet i en lufttæt beholder.

84. Kokos-, agurk- og myntebombe

GØR: 10 bomber

INGREDIENSER:
- 3 ounce kokosvand
- 3 ounces agurkesirup
- 3 ounces myntesirup
- 0,5 kop limesaft
- Vand
- 1/2 kop citronsyre
- 1 kop bagepulver
- 1 kop superfint sukker
- 5 g akaciegummi

INSTRUKTIONER:
- ☑ Mål alle ingredienser op i en skål.
- ☑ Arbejd blandingen med hænderne, indtil den har en sandet tekstur.
- ☑ Form blandingen til kugler og læg dem i en form for at sætte sig.
- ☑ Fjern formen, og opbevar derefter i køleskabet eller på bordet i en lufttæt beholder.

85. Vandmelon og myntebombe

GØR: 10 bomber

INGREDIENSER:
- Vand
- 1 spiseskefuld vandmelon sirup
- 1 spsk limesaft
- 1 spiseskefuld myntesirup
- 1 spiseskefuld jalapeñosirup
- 1/2 kop citronsyre
- 1 kop bagepulver
- 1 kop superfint sukker
- 5 g akaciegummi

INSTRUKTIONER:
- ☑ Mål alle ingredienser op i en skål.
- ☑ Arbejd blandingen med hænderne, indtil den har en sandet tekstur.
- ☑ Form blandingen til kugler og læg dem i en form for at sætte sig.
- ☑ Fjern formen, og opbevar derefter i køleskabet eller på bordet i en lufttæt beholder.

86. Citrongræs- og jasminbombe

GØR: 10 bomber

INGREDIENSER:
- 1/4 kop citrongræssirup
- 1/4 kop simpel sirup
- 1/4 kop citron
- 4 ounce jasmin te
- 2 ounce litchi juice
- Vand
- 1/2 kop citronsyre
- 1 kop bagepulver
- 1 kop superfint sukker
- 5 g akaciegummi

INSTRUKTIONER:
- ☑ Mål alle ingredienser op i en skål.
- ☑ Arbejd blandingen med hænderne, indtil den har en sandet tekstur.
- ☑ Form blandingen til kugler og læg dem i en form for at sætte sig.
- ☑ Fjern formen, og opbevar derefter i køleskabet eller på bordet i en lufttæt beholder.

87. Blåbær Mojito

GØR: 10 bomber

INGREDIENSER:
- 2 ounces myntesirup
- 2 ounce blåbærsirup
- 2 ounce limesaft
- 2 ounce simpel sirup
- Vand
- 1/2 kop citronsyre
- 1 kop bagepulver
- 1 kop superfint sukker
- 5 g akaciegummi

INSTRUKTIONER:
- ☑ Mål alle ingredienser op i en skål.
- ☑ Arbejd blandingen med hænderne, indtil den har en sandet tekstur.
- ☑ Form blandingen til kugler og læg dem i en form for at sætte sig.
- ☑ Fjern formen, og opbevar derefter i køleskabet eller på bordet i en lufttæt beholder.

88. Jomfru Paloma

GØR: 10 bomber

INGREDIENSER:
- 3 ounce limesaft
- 3 ounce grapefrugtjuice
- 3 ounce agavesirup
- Vand
- Sund knivspids havsalt
- 1/2 kop citronsyre
- 1 kop bagepulver
- 1 kop superfint sukker
- 5 g akaciegummi

INSTRUKTIONER:
- ☑ Mål alle ingredienser op i en skål.
- ☑ Arbejd blandingen med hænderne, indtil den har en sandet tekstur.
- ☑ Form blandingen til kugler og læg dem i en form for at sætte sig.
- ☑ Fjern formen, og opbevar derefter i køleskabet eller på bordet i en lufttæt beholder.

89. Wildcat køler

GØR: 10 bomber

INGREDIENSER:
- 1 kop blåbærsirup
- Vand
- 1 kop sukker
- 1 citron, saftet
- 1/2 kop citronsyre
- 1 kop bagepulver
- 5 g akaciegummi
- Pinch Gold glans

INSTRUKTIONER:
- ☑ Kombiner blåbær, sukker og vand i en stor gryde. Bring i kog.
- ☑ I 15 minutter, lad det simre ved lavere varme.
- ☑ Brug en fin sigte til at adskille saftens partikler fra saften, og sæt derefter de faste stoffer til side.
- ☑ Bland de tørre ingredienser i en skål, inklusive akaciegummi, bagepulver, sukker og citronsyre.
- ☑ Tilsæt blåbærblandingen og mos ingredienserne sammen med fingerspidserne, indtil de ligner sand.
- ☑ Form blandingen til kugler og kom dem i en form.

90. Ananas ingefærølbombe

GØR: 10 bomber

INGREDIENSER:
- Vand
- 1 kop bagepulver
- 4 ounces ananasjuice
- 4 ounce ingefærsirup
- 4 ounces friskpresset limejuice
- 1/2 kop citronsyre
- 1 kop superfint sukker
- 5 g akaciegummi

INSTRUKTIONER:
- ☑ Mål alle ingredienser op i en skål.
- ☑ Arbejd blandingen med hænderne, indtil den har en sandet tekstur.
- ☑ Form blandingen til kugler og læg dem i en form for at sætte sig.
- ☑ Fjern formen, og opbevar derefter i køleskabet eller på bordet i en lufttæt beholder.

91. **Seedlip Spice & Tonic**

GØR: 10 bomber

INGREDIENSER:
- 2 ounce Seedlip Spice 94
- Tonic sirup efter smag
- Vand
- Pinch Stjerneanis pulver
- Knib kanel pulver
- 1/2 kop citronsyre
- 1 kop bagepulver
- 1 kop superfint sukker
- 5 g akaciegummi

INSTRUKTIONER:
- ☑ Mål alle ingredienser op i en skål.
- ☑ Arbejd blandingen med hænderne, indtil den har en sandet tekstur.
- ☑ Form blandingen til kugler og læg dem i en form for at sætte sig.
- ☑ Fjern formen, og opbevar derefter i køleskabet eller på bordet i en lufttæt beholder.

92. Ananas skomager

GØR: 10 bomber

INGREDIENSER:
- 4 ounces jordbærjuice
- 6 ounces ananasjuice
- 1/2 kop citronsyre
- 2 ounce limesaft
- 1 kop bagepulver
- 1 kop superfint sukker
- Vand
- 5 g akaciegummi

INSTRUKTIONER:
- ☑ Mål alle ingredienser op i en skål.
- ☑ Arbejd blandingen med hænderne, indtil den har en sandet tekstur.
- ☑ Form blandingen til kugler og læg dem i en form for at sætte sig.
- ☑ Fjern formen, og opbevar derefter i køleskabet eller på bordet i en lufttæt beholder.

93. Tahitisk kaffe

GØR: 10 bomber

INGREDIENSER:
- 2 ounce limesaft
- 1 kop bagepulver
- 1/4 kop simpel sirup
- 1/4 kop passionsfrugtpuré
- 2 ounce koldt bryggekoncentrat
- 3 ounce honningsirup
- Vand
- 2 ounce guava puré
- 1/2 kop citronsyre
- 2 ounce appelsinjuice
- 1 kop superfint sukker
- 5 g akaciegummi

INSTRUKTIONER:
- ☑ Mål alle ingredienser op i en skål.
- ☑ Arbejd blandingen med hænderne, indtil den har en sandet tekstur.
- ☑ Form blandingen til kugler og læg dem i en form for at sætte sig.
- ☑ Fjern formen, og opbevar derefter i køleskabet eller på bordet i en lufttæt beholder.

94. Hindbærbiens knæ

GØR: 10 bomber

INGREDIENSER:
- Filtreret vand
- 4 ounce citron
- 4 ounce honning
- 1/2 kop citronsyre
- 4 ounce hindbærsirup
- 1 kop bagepulver
- 1 kop superfint sukker
- 5 g akaciegummi

INSTRUKTIONER:
- ☑ Mål alle ingredienser op i en skål.
- ☑ Arbejd blandingen med hænderne, indtil den har en sandet tekstur.
- ☑ Form blandingen til kugler og læg dem i en form for at sætte sig.
- ☑ Fjern formen, og opbevar derefter i køleskabet eller på bordet i en lufttæt beholder.

95. Pina Serrano Margarita

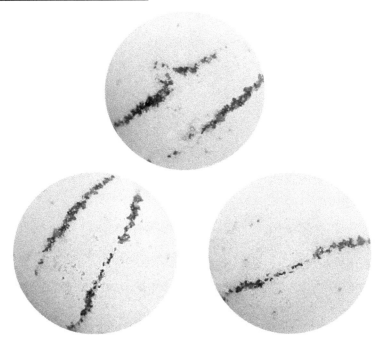

GØR: 10 bomber

INGREDIENSER:
- 6 ounces ananasjuice
- 3 ounce limesaft
- Vand
- 3 ounce simpel sirup
- Knib Serrano chile pulver
- 1 kop bagepulver
- 1 kop superfint sukker
- 1/2 kop citronsyre
- 5 g akaciegummi

INSTRUKTIONER:
- ☑ Mål alle ingredienser op i en skål.
- ☑ Arbejd blandingen med hænderne, indtil den har en sandet tekstur.
- ☑ Form blandingen til kugler og læg dem i en form for at sætte sig.
- ☑ Fjern formen, og opbevar derefter i køleskabet eller på bordet i en lufttæt beholder.

96. Nopaloma bombe

GØR: 10 bomber

INGREDIENSER:
- 6 ounces friskpresset grapefrugtjuice
- 1/2 kop citronsyre
- 4 ounces friskpresset limejuice
- 3 ounce agave nektar
- Vand
- Knib Salt
- 1 kop bagepulver
- 1 kop superfint sukker
- 5 g akaciegummi

INSTRUKTIONER:
- ☑ Mål alle ingredienser op i en skål.
- ☑ Arbejd blandingen med hænderne, indtil den har en sandet tekstur.
- ☑ Form blandingen til kugler og læg dem i en form for at sætte sig.
- ☑ Fjern formen, og opbevar derefter i køleskabet eller på bordet i en lufttæt beholder.

97. Revitaliserende bombe

GØR: 10 bomber

INGREDIENSER:
- 5 ounce gulerodsjuice
- Vand
- 5 g akaciegummi
- 1 kop bagepulver
- 8 ounce æblejuice
- 1/4 kop ingefærsirup
- 1/4 kop limesaft
- 1/2 kop citronsyre
- 1 kop superfint sukker

INSTRUKTIONER:
- ☑ Mål alle ingredienser op i en skål.
- ☑ Arbejd blandingen med hænderne, indtil den har en sandet tekstur.
- ☑ Form blandingen til kugler og læg dem i en form for at sætte sig.
- ☑ Fjern formen, og opbevar derefter i køleskabet eller på bordet i en lufttæt beholder.

98. Arnold Palmers brusende bombe

Gør: 10 bomber

INGREDIENSER:
- ½ kop ultrafint rent rørsukker
- ½ kop pulveriseret sukker
- 2 tsk bagepulver
- 1 ½ tsk svedte flydende vandforstærker
- 1 ½ tsk limonade flydende vandforstærker
- 6 ounce citron mousserende vand
- Tilsæt citronskiver, til pynt
- Citronskiver, til pynt

UDSTYR
- 2 små skåle
- 2 (1 tsk) mål
- Kantet bakke
- Is
- 12 ounce glas

INSTRUKTIONER:
- ☑ Kombiner ultrafint sukker, pulveriseret sukker og bagepulver i en lille skål. Placer 2/3 kop blanding i en skål; bland i sød te flydende vandforstærker. I den resterende 1/3 kop blanding, rør i limonade vandforstærker. Begge blandinger skal ligne vådt sand.
- ☑ Tryk blandingen alternativt i 2 (1 tsk) afrundede måleskeer, efterlad lidt overskud øverst på skeerne. Vend den ene ske oven på den anden. Pres skeerne sammen og ryst let.
- ☑ Fjern den ene ske og vend bomben ind i din hånd. Fjern den resterende ske og læg bomben på en bakke. Gentag med den resterende blanding. Lad tørre i 4 timer før servering. Opbevares tildækket ved stuetemperatur i op til 2 dage.
- ☑ For at servere skal du kombinere citronmousserende vand i et 12-ounce glas. Tilsæt 1 tørret bombe; rør for at blande godt. Tilsæt knust is til glasset.

99. Prosecco Rose

GØR: 10 bomber

INGREDIENSER:
- 8 ounce rosenvand
- 8 ounce hyldeblomstvand
- 1 kop bagepulver
- Knib økologiske bulgarske rosenknopper
- Knib spiseligt 24K guldstøv
- 1/2 kop citronsyre
- 1 kop sukker
- 5 g akaciegummi
- Vand

INSTRUKTIONER:
- ☑ Mål alle ingredienser op i en skål.
- ☑ Arbejd blandingen med hænderne, indtil den har en sandet tekstur.
- ☑ Form blandingen til kugler og læg den i en form.
- ☑ Passer godt til mousserende vin eller Prosecco med et stænk mousserende sodavand.

100. Frugtfulde drikkebomber

GØR: 6 bomber

INGREDIENSER:
- 1 lille dåse frugtcocktail, skåret i tern
- 2 gram pulveriseret agar
- 1 spsk sukker
- 2 tsk citronsaft
- 250 ml vand og frugtsirup
- Jordbær, fint skåret
- Kiwi, fint skåret
- Blåbær, fint skåret

INSTRUKTIONER:
- ☑ Kombiner pulveriseret agar, sukker, citronsaft, vand og sirup i en gryde.
- ☑ Bring i kog.
- ☑ Lad det simre i 2 minutter.
- ☑ Hæld i runde isterningeforme.
- ☑ Kom stykker af frugt i forme og hæld agarblandingen ovenpå.
- ☑ Sæt formdækslet på plads og stil det på køl i cirka 1 time.
- ☑ Læg frugtbomber i individuelle glas og server med mousserende vin.

KONKLUSION

Vi håber, du nød denne samling af opskrifter på varme chokoladebomber, og at de har bragt en lille smule glæde og varme ind i dit liv. Varme chokoladebomber er ikke kun lækre, men også sjove at lave og dele med andre, og vi håber, at du vil nyde at lave dem lige så meget, som vi gjorde.

Uanset om du foretrækker klassisk mælkechokolade eller mere unikke smagsvarianter som pebermynte, saltet karamel eller rød fløjl, er der en opskrift i denne kogebog for alle. Vi har inkluderet trin-for-trin instruktioner og nyttige tips til at sikre, at dine varme chokoladebomber bliver perfekt hver gang.

Tak fordi du valgte Det ultimative Varm Chokolade Bomber Kogebog Cookbook, og vi håber, at disse opskrifter vil blive en fast bestanddel i dit køkken i de kolde vintermåneder, eller når som helst du har brug for lidt pick-me-up. Glem ikke at dele dine kreationer med os på sociale medier ved hjælp af #hotchocolatebombs!

Milton Keynes UK
Ingram Content Group UK Ltd.
UKHW020650200923
429044UK00014B/415